TECHNIKTRAINING

im Frauen- und Mädchenfußball

Allgemeiner Hinweis:

Aus Gründen der besseren Lesbarkeit haben wir uns entschlossen, durchgängig die männliche (neutrale) Anredeform zu nutzen, die selbstverständlich die weibliche mit einschließt.

Das vorliegende Buch wurde sorgfältig erarbeitet. Dennoch erfolgen alle Angaben ohne Gewähr. Weder der Autor noch der Verlag können für eventuelle Nachteile oder Schäden, die aus den im Buch vorgestellten Informationen resultieren, Haftung übernehmen.

Sollte diese Publikation Links auf Webseiten Dritter enthalten, so übernehmen wir für deren Inhalte keine Haftung, da wir uns diese nicht zu eigen machen, sondern lediglich auf deren Stand zum Zeitpunkt der Erstveröffentlichung verweisen.

THOMAS LEBER

TECHNIK TRAINING

IM FRAUEN- UND MÄDCHENFUSSBALL

GRUNDLAGEN – ÜBUNGEN – SPIELANALYSE

MEYER & MEYER VERLAG

Techniktraining im Frauen- und Mädchenfußball

Bibliografische Information der Deutschen Bibliothek
Die Deutsche Bibliothek verzeichnet diese Publikation in der Deutschen Nationalbibliografie; detaillierte bibliografische Details sind im Internet über <http://dnb.ddb.de> abrufbar.

Auckland, Beirut, Dubai, Hägendorf, Hongkong, Indianapolis, Kairo, Kapstadt, Manila, Maidenhead, Neu-Delhi, Singapur, Sydney, Teheran, Wien
Member of the World Sport Publishers' Association (WSPA)

Gesamtherstellung: Print Consult GmbH, München

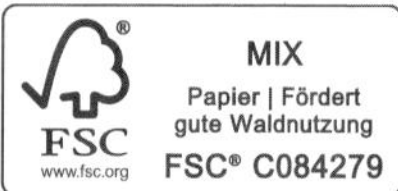

ISBN 978-3-8403-7857-7
E-Mail: verlag@m-m-sports.com
www.dersportverlag.de

BILDNACHWEIS

Covermotiv: © dpa – picture alliance | Sebastian Christoph Gollnow
Covergestaltung: Annika Naas
Innenlayout: Annika Naas
Fotos Innenteil: Samir Sakkal, München
Autorenbild: © Thomas Leber
Abbilungen Innenteil: Thomas Leber
Satz: www.satzstudio-hilger.de
Lektorat: Dr. Irmgard Jaeger

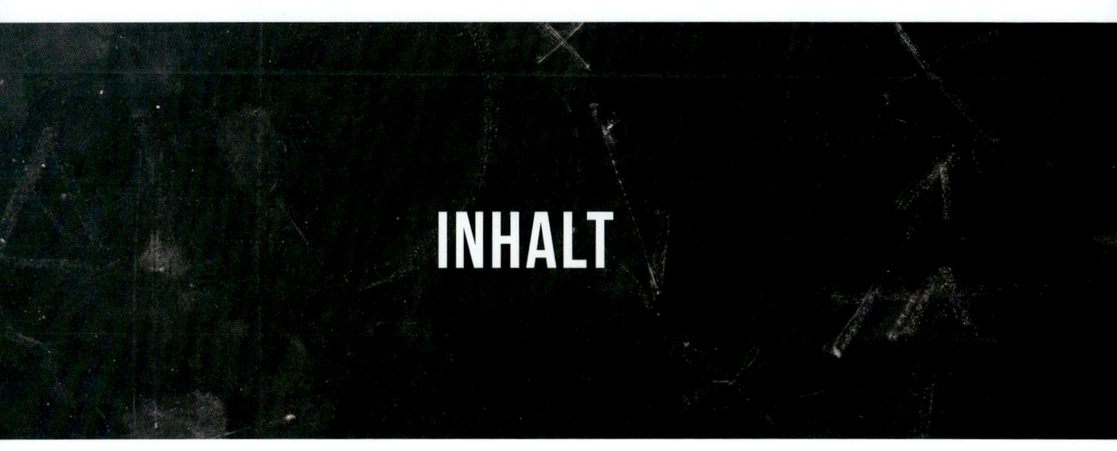

INHALT

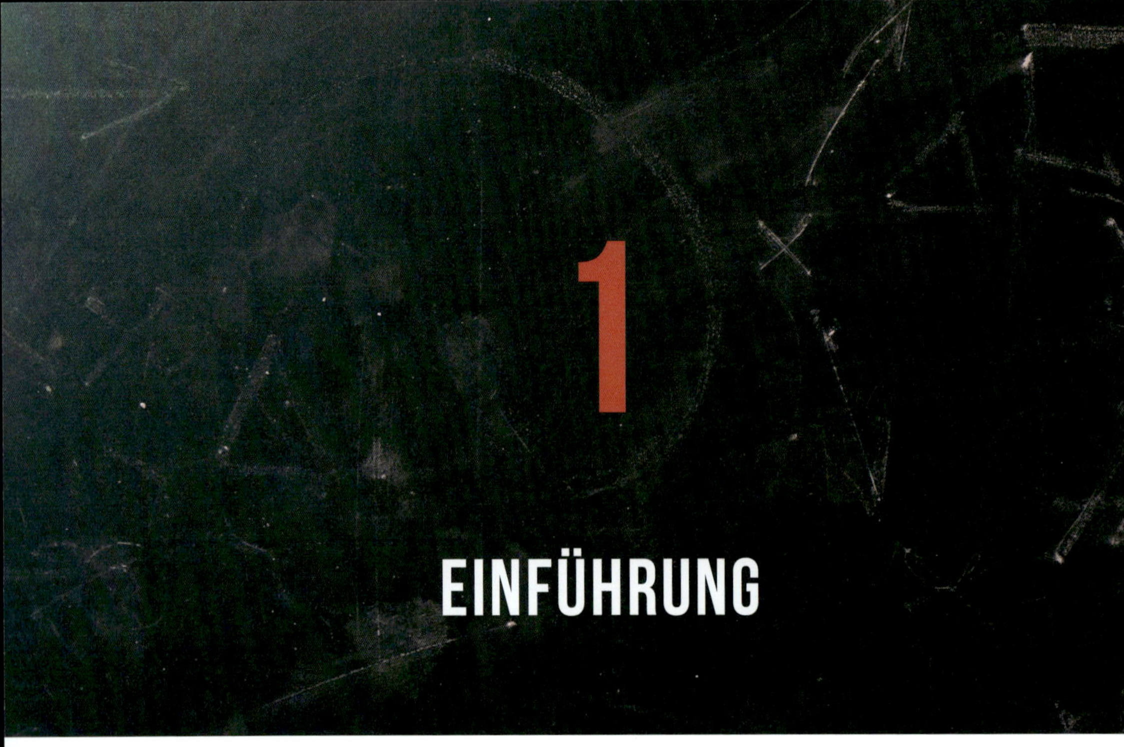

1 EINFÜHRUNG

Der Autor, Dr. Thomas Leber, ist seit 2011 als Trainer im Mädchen- und Frauenfußball tätig. Er ist Inhaber der Trainer-B-Lizenz (UEFA B-level) und betreute als Co- oder Cheftrainer Frauen- und U17-Mannschaften, beide jeweils in der Bayern- und Landesliga, aber auch U13- und U11-Juniorinnen. Die U13- und U11-Teams erreichten dabei ein Niveau, um erfolgreich in gleichaltrigen Jungen-Ligen mitzuspielen. Ferner gewann Thomas Leber, mit seinen U11-Mädels, viermal in Folge den in Bayern bedeutenden *Merkur-Cup*.

Um die jeweilige Mannschaft nicht nur technisch, sondern auch spieltaktisch zu fördern, greift der Autor auf ein selbst entwickeltes Kamerasystem zurück, das es erlaubt, das gesamte Spielfeld aufzunehmen und eine videobasierte Spielanalyse durchzuführen.

In allen von ihm betreuten Mannschaften stellte der Autor technische Defizite fest, die die spielerischen Möglichkeiten der einzelnen Spielerin und somit auch die der gesamten Mannschaft einschränkten.

Ziel dieses Technikbuchs ist es, die Aufmerksamkeit von Trainern, insbesondere im Frauen- und Mädchenbereich, auf diese technischen Defizite zu lenken, um die fußballerische Ausbildung zu verbessern. Nach Auffassung des Autors ist es wichtig, die technischen Fehler nicht nur zu erkennen, sondern auch deren Ursachen zu verstehen.

Die technischen Fehler werden anhand von Bilderserien erläutert. Ferner werden Vorschläge gemacht, wie diese Fehler „wegtrainiert" und somit die Spielfähigkeit verbessert werden kann.

In diesem Buch werden sämtliche Kernelemente des Fußballs abgedeckt, ausgehend vom Passspiel, über das Schlagen und Verarbeiten hoher Bälle, das Kopfballspiel und den Torschuss. Ein besonderer Fokus liegt auf dem Passspiel in Verbindung mit der Körperstellung, um ein schnelles und präzises Ein- oder Zwei-Kontakt-Spiel zu erreichen.

Grundsätzlich sollten die Mädchen schon in frühester Jugend technisch so geschult werden, dass sich Technikfehler nicht erst festigen. Die Erfahrung zeigt jedoch, dass gerade in den frühen Jahren zwar begeisterte, häufig jedoch unerfahrene Jugendliche oder Eltern als Trainer eingesetzt werden. Das vorliegende Werk möchte deshalb insbesondere diese Trainergruppe ansprechen, ihren Blick auf die Technik lenken und ihr Ideen an die Hand geben, um diese im Training einzuüben.

Schließlich gibt der Autor noch einen Einblick in sein selbst entwickeltes Kamerasystem, stellt auf dem Markt erhältliche Produkte vor und erläutert seine Herangehensweise an die videobasierte Spielanalyse.

Der Autor formuliert ferner seine grundsätzliche Trainingsphilosophie, welche als Grundlage für eine leistungsorientierte, fußballerische Ausbildung dienen kann.

Die Erfahrung zeigt, dass die Korrektur der beschriebenen technischen Defizite, kombiniert mit einem intensiven, am Spiel orientierten Training und etwas pädagogischem Geschick, zu einer fruchtbaren Kombination von Fördern und Fordern führt. Hierdurch lassen sich in recht kurzer Zeit die spielerischen Fähigkeiten jeder einzelnen Spielerin und somit die der ganzen Mannschaft merklich steigern, wodurch man dem eigentlichen Ziel, nämlich „Freude am Fußball" zu erreichen, schnell näherkommt.

Der Autor würde sich über Rückmeldung von Lesern freuen und hat hierfür folgende E-Mail eingerichtet: *ThomasLeber-Techniktraining@web.de*.

2 TRAININGSPHILOSOPHIE

Die im Folgenden beschriebene Trainingsphilosophie ist von dem Ziel geprägt, leistungsorientierten Fußball zu trainieren und zu spielen. Dies bedeutet, dass eine kontinuierliche Steigerung der individuellen wie auch der mannschaftlichen Leistungsfähigkeit angestrebt wird.

Trotz dieser Anforderungen ist es von fundamentaler Bedeutung, dass das Training Spielerinnen wie Trainern Freude bereitet. Um dies zu erreichen, muss Fußballtraining die Kernelemente Intensität, Coaching und Spielen erfüllen (Abb. 1).

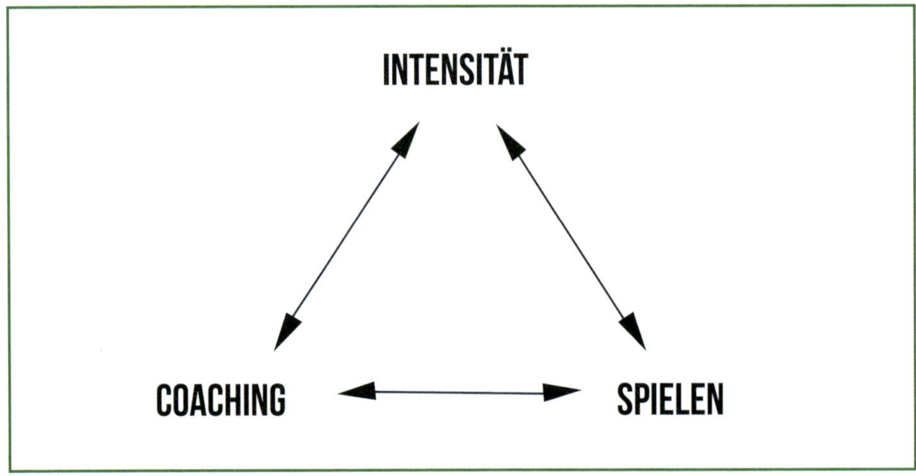

Abb. 1: Grundlegende Elemente für leistungsorientiertes Fußballtraining

Es ist hierbei unerheblich, ob eine U11-, eine U17- oder eine Frauenmannschaft trainiert wird. Die genannten drei Kernelemente - Intensität, Coaching und Spielen - sind für das Ziel, „Freude am Fußball", im Sinne einer leistungsorientierten, fußballerischen Entwicklung in jeder Altersklasse von gleicher Bedeutung.

2.1 INTENSITÄT

Der Begriff *Intensität* betrifft in erster Linie die Form des Trainings. Grundsätzlich geht es darum, das Training so zu gestalten, dass die Spielerinnen in jeder Trainingseinheit und in jeder einzelnen Übung an ihre maximale Leistungsfähigkeit herangeführt werden. Diese maximale Leistungsfähigkeit bezieht sich sowohl auf das körperliche wie auch auf das geistige Vermögen, also die Fähigkeit zur Konzentration und zur schnellen Reaktionsfähigkeit. Jede Übung einer Trainingseinheit soll also mit höchster Intensität/Geschwindigkeit/Präzision/ etc. durchgeführt werden.

Der Grund für diese Form von Intensität ist folgender: Sind die Spielerinnen es aus dem Training gewohnt, über (fast) die gesamte Trainingszeit geistig wie körperlich an ihr Maximum heranzugehen, dann können sie diese Leistung auch im Spiel abrufen. Dieser Zusammenhang wird unmittelbar einsichtig, wenn man sich klarmacht, dass das Ziel von Training letztlich nichts anderes ist, als die Vorbereitung für die Spiele. Folglich spiegelt die Vorbereitung der Spielerinnen im Training die im Spiel erbringbare Leistung wider.

Intensität im Training bedeutet, dass es im Grunde keine Pausen gibt. Das Training wird deshalb so gestaltet, dass nach Abschluss einer Übung die Mannschaft als Team, also als eine kompakte Gruppe, eine lockere Runde um den, je nach Alter, halben oder ganzen Platz läuft, um zu entspannen. Die Mädels können und sollen während dieser Erholungsphase den Kopf frei bekommen, durchschnaufen und miteinander reden.

Während dieser „Pause" bereiten die Trainer, falls notwendig, die nächste Übung vor. Kehren die Spielerinnen zurück, so können sie noch schnell etwas trinken und **sofort** geht es weiter. - Diese Form des intensiven Trainings ist selbst mit U11-Mädchen ohne Weiteres möglich.

Intensität im Training bedeutet des Weiteren, dass Stand- und Wartezeiten vor der eigentlichen Durchführung einer Übung auf das absolute Minimum reduziert werden. Die Übungen sollten deshalb entsprechend ausgewählt und/oder in ausreichender Anzahl aufgebaut werden, um ein Anstehen möglichst zu vermeiden.

Dieser Aspekt von Intensität bedeutet, anders formuliert, dass die Anzahl an Ballkontakten und Läufen der Spielerinnen innerhalb der Trainingszeit maximiert wird.

Selbstverständlich ist es, gemäß dem **Trainingsgrundsatz** „Qualität vor Schnelligkeit", für das Erlernen neuer technischer oder taktischer Elemente notwendig, diese zunächst mit geringem Tempo einzuüben. Ebenso ist es auch wichtig, Regenerationsphasen nach Spielen oder Trainingslagern zu berücksichtigen.

Diese Überlegungen ändern jedoch nichts am grundsätzlichen Ziel von Intensität im Training, nämlich die Geschwindigkeit in der jeweiligen Übung bis zum jeweils möglichen Maximum zu steigern und dort zu halten, bis durch Erschöpfung sowohl Kraft als auch Konzentration schwinden. Dies ist dann der geeignete Zeitpunkt, um den Spielerinnen durch die schon beschriebene läuferische Erholungsphase um den halben/ganzen Platz eine Pause zu gönnen.

Entscheidend für das Erreichen einer hohen Intensität im Training ist eine gute Trainingsvorbereitung und ein aktives, forderndes Coaching (siehe nächstes Kernelement der Trainingsphilosophie).

Tipp: Ein guter Parameter für das Niveau der Intensität des Trainings ist das „Sprechen der Spielerinnen" während einer Einheit. Geschieht dies, dann ist die Intensität zu niedrig.

Trainingsgrundsätze, die Intensität betreffend

- Jede Übung wird mit maximaler Geschwindigkeit und Qualität durchgeführt.
- Es gibt im Training, im Grunde genommen, keine Pausen.
- Wartezeiten der Spielerinnen werden minimiert, Ballkontakte maximiert.
- Als Erholung zwischen den Übungen dient eine lockere Runde der Mannschaft um den Platz.
- Auch bei intensivem Training gilt: „Qualität vor Schnelligkeit".

2.2 COACHING

Der Begriff *Coaching* umschreibt die eigentliche und elementare Aufgabe des Trainers, nämlich die Spielerinnen individuell, ebenso wie die gesamte Mannschaft, zu fördern und zu fordern.

Grundlage für gutes Coaching ist ein hohes Maß an Aufmerksamkeit des Trainers sowohl für die einzelnen Spielerinnen, ihre Fähigkeiten und ihre Wesensart, als auch für die Belange der ganzen Mannschaft.

Es ist ferner notwendig, dass vonseiten der Spielerinnen ein ausreichendes Vertrauen zum Trainer vorhanden ist. Die Spielerinnen müssen spüren, dass der Trainer sie unterstützt und ihnen auf dem Weg weiterhilft, eine bessere Spielerin zu werden. Die Spielerinnen sollen ferner verstehen, dass Fehler grundsätzlich erlaubt sind, es jedoch darum geht, diese Fehler abzubauen und letztlich zu beseitigen.

Coaching erfordert ein **kontinuierliches Ansprechen** von Fehlern und Defiziten einerseits und Verteilen von Lob und Freude über Fortschritte und gute Aktionen andererseits.

Lob sollte bereits für den erkennbaren Versuch gespendet werden, einen Fehler zu vermeiden oder eine vorgegebene Spielidee/Bewegung umzusetzen, selbst wenn die tatsächliche Ausführung noch nicht vollständig erfolgreich war (mögliche Bemerkungen durch den Trainer: „Guter Versuch", „Richtige Idee" . . .). Dies bestätigt und verstärkt die eingeleitete positive Entwicklung.

Erfolgreiches Fußballtraining bedeutet im Grunde, dass die Spielerinnen Bewegungen und Verhaltensweisen erlernen oder verändern müssen. Dies wird dann erreicht, wenn Fehler kontinuierlich angesprochen werden, um diese schließlich abzutrainieren. Es ist keinesfalls ausreichend, dass Fehler lediglich (einige Male) benannt werden.

Gegebenenfalls kann es notwendig sein, wiederkehrende Fehler zu sanktionieren. Liegestütze (z. B. Pass mit dem falschen Fuß = drei Liegestütze) sind hier ein probates Mittel, das gleichzeitig die Rumpfstabilität fördert.

Gutes Coaching basiert also auf der Idee der Unterstützung und der Ausbildung der Spielerin. Es geht somit immer um das **Aufzeigen von Lösungs- bzw. Verbesserungsmöglichkeiten**. Die reine Feststellung eines Fehlers, bspw.: „. . . schlechter Pass!", ist nicht hilfreich, da die Spielerin keinerlei Hinweis darauf erhält, was zu dem schlechten Pass geführt hat bzw. wie die Spielerin einen besseren Pass hätte spielen können. Genau diese Hinweise zu liefern, macht ein gutes Coaching jedoch aus.

Grundlage, um diese Unterstützung leisten zu können, ist somit das Verständnis des Trainers für die Ursache von Fehlern und die Fähigkeit, eine Lösungsmöglichkeit zur Verbesserung anbieten zu können.

Im Training kann die Bereitstellung einer Lösung dadurch geschehen, dass eine Spielform unterbrochen wird, um bessere Laufwege oder Räume aufzuzeigen. Tauchen während einer Passform technische Defizite auf, so kann es gegebenenfalls erforderlich sein, die Spielerin aus der Passform herauszuholen, um den Fehler zu erklären, die korrekte Bewegung zu verdeutlichen und auch Tricks aufzuzeigen, um die ungewohnte, aber richtige Bewegung zu erlernen.

Coaching hat ferner die Aufgabe, sicherzustellen, dass die oben beschriebene Intensität erzielt wird. Hieraus ergibt sich, dass auch das Coaching an sich von hoher Intensität geprägt ist.

Das Ziel von gutem Coaching ist es, durch aktives Fordern und Fördern die Leistungsfähigkeit der Spielerinnen und somit die „Freude am Fußball" zu steigern.

Trainingsgrundsätze, das Coaching betreffend

- Voraussetzung ist ein ausreichendes Vertrauen zwischen Mannschaft und Trainer.
- Coaching erfordert eine kontinuierliche Ansprache von Fehlern einerseits und Lob über Fortschritte und gute Aktionen andererseits.
- Nur ein intensives Coaching führt zu einem intensiven Training.
- Das Ziel von Coaching ist die Unterstützung und die Ausbildung der Spielerinnen.
- Coaching erfordert das Anbieten von Lösungsmöglichkeiten.

2.3 SPIELEN

Der Begriff *Spielen* spricht die Kernmotivation der Spielerinnen an.

Der Grund, weshalb Kinder mit dem Vereinsfußball beginnen, ist sicherlich die simple Freude am gemeinschaftlichen Fußballspielen. Das Spielen muss somit ein Kernelement des Trainings sein, ganz unabhängig vom Alter der jeweiligen Mannschaft.

Der Begriff des Spielens ist im Rahmen einer leistungsorientierten fußballerischen Ausbildung jedoch weiter zu fassen als nur ein Spiel zwischen zwei Mannschaften oder gar ein Spiel im jeweiligen Ligaformat. Kleine Spielformen wie ein 3 gegen 1 im Quadrat oder ein Rondo fallen ebenso unter den Begriff Spielen wie das übliche Spiel am Ende einer Trainingseinheit.

Auch wenn häufig ein Großteil der Trainingszeit für technische und/oder taktische Übungen gebraucht wird, so ist es dennoch von essenzieller Bedeutung, kleine und große Spielelemente ins Training einzubauen. Die Trainingspläne sollten deshalb wenigstens zwei Spielelemente vorsehen, eine kleine Spielform in der ersten Hälfte der Trainingseinheit und eine große am Ende. In der kleinen Spielform kommen häufig Mini- oder Hütchentore zum Einsatz, während in der großen Spielform gewöhnlich Standardtore verwendet werden.

Intensität und Coaching sind Teil der Spielformen. Gelegentlich ist es jedoch ratsam, insbesondere während der großen Spielform, das Coaching zu reduzieren, um Raum für die selbstständige Umsetzung des Erlernten zu geben.

Trainingsgrundsätze, das Spielen betreffend

- Spielen ist die Grundmotivation der Spielerinnen.
- Jedes Training sollte mindestens eine, besser jedoch zwei Spielformen enthalten.
- Intensität und Coaching sind auch Bestandteil des „Spielens".

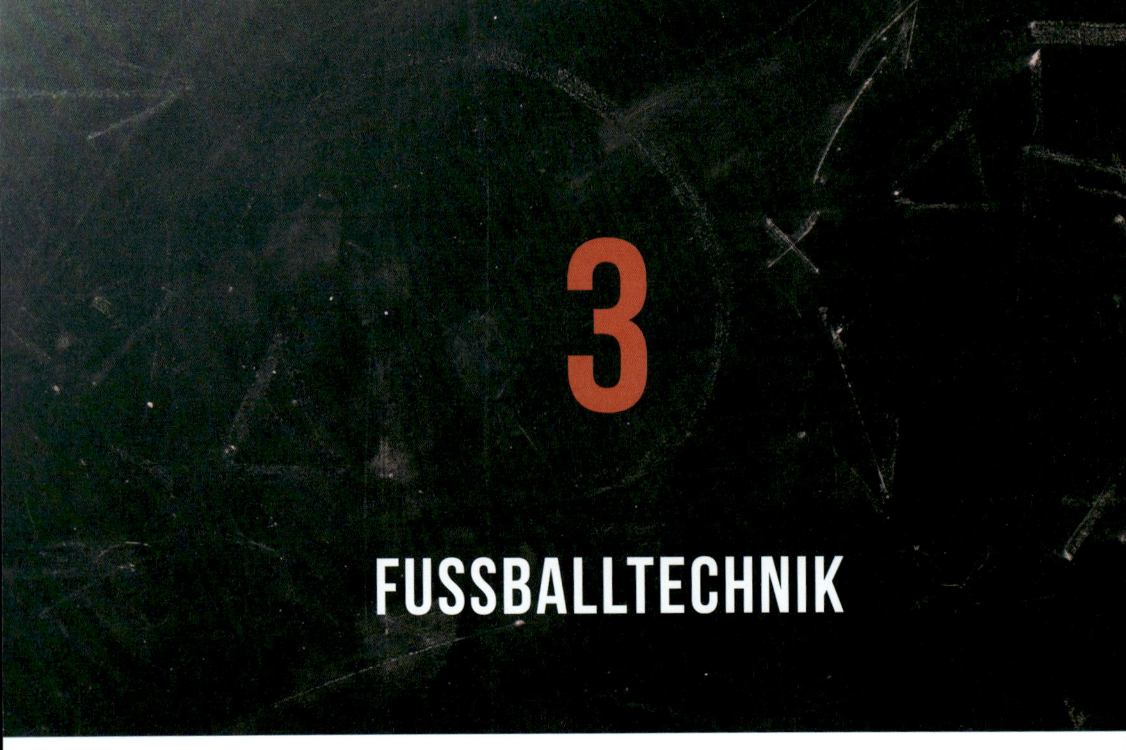

3 FUSSBALLTECHNIK

3.1 STELLUNG DES KÖRPERS IM SPIEL

Die Stellung des Körpers ist eine erste technische Hürde. Sie ist jedoch entscheidend, um ein schnelles Ein- oder Zwei-Kontakt-Spiel zu erreichen und sollte deshalb von frühester Jugend an eingeübt werden.

Nachfolgend werden die Begriffe der **offenen** und **geschlossenen Körperstellung** in Verbindung mit der Unterscheidung zwischen dem **Innenfuß** und dem **Außenfuß** erläutert. Ziel des Trainings ist es, den Spielerinnen beim Passspiel eine **offene Körperstellung** und die Verwendung des **Außenfußes** beizubringen, denn diese Technik erlaubt ein erheblich schnelleres und genaueres Passspiel innerhalb der Mannschaft.

3.1.1 DIE GESCHLOSSENE KÖRPERSTELLUNG

Bei einer geschlossenen Körperstellung (Abb. 2) zeigt die Körpervorderseite der ballempfangenden Spielerin 2 frontal zur ballführenden Spielerin 1. Blick und Körper der ballempfangenden Spielerin 2 sind also auf die passgebende Spielerin 1 gerichtet.

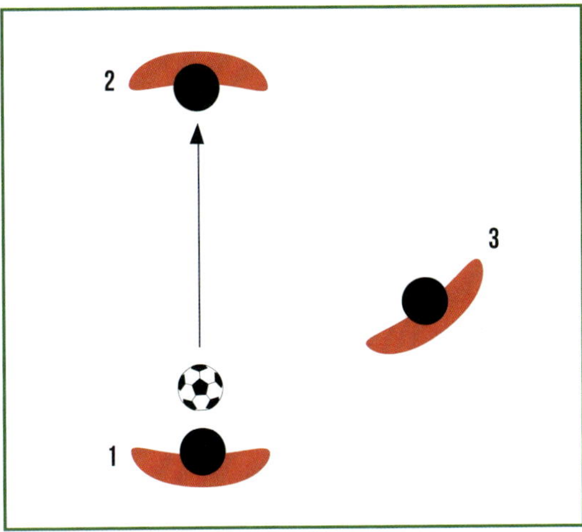

Abb. 2: Geschlossene Körperstellung beim Passspiel

Mit dieser Körperstellung hat die ballempfangende Spielerin 2, im Grunde, **zwei gute** Passmöglichkeiten:

1. Rückpass auf die passgebende Spielerin 1, zum Beispiel als direkten Rückpass (Klatschball; Abb. 3). Dieser Klatschball kann sowohl mit dem rechten als auch mit dem linken Fuß gespielt werden.

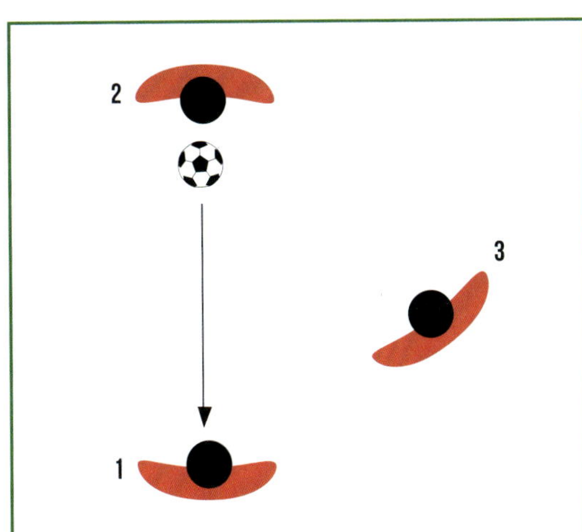

Abb. 3: Gute Option 1 – die ballempfangende Spielerin 2 kann einen Rückpass spielen, beispielsweise als Klatschball.

2. Ball kontrollieren, aufdrehen und einen Pass zu Spielerin 3 spielen (Abb. 4).

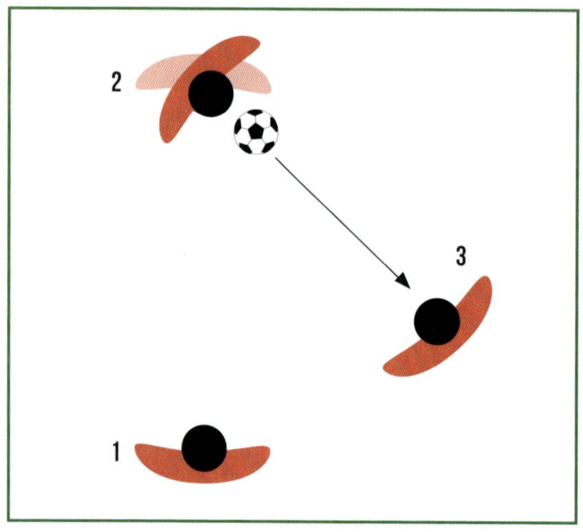

Abb. 4: Gute Option 2 – die ballempfangende Spielerin 2 kann den Ball zunächst kontrollieren, sich dann aufdrehen und einen Pass zu Spielerin 3 spielen.

Grundsätzlich ist natürlich auch ein direkter Pass von Spielerin 2 zu Spielerin 3 möglich. Dieser kann bei geschlossener Körperstellung jedoch nur als sogenannter *Kreuzpass* ausgeführt werden. In Abb. 5 würde dieser Kreuzpass mit dem rechten Fuß gespielt. Ein direkter Pass von Spielerin 2 in Abb. 5 mit dem linken Fuß auf Spielerin 3 ist unter Beibehaltung der gezeigten Körperstellung nicht möglich.

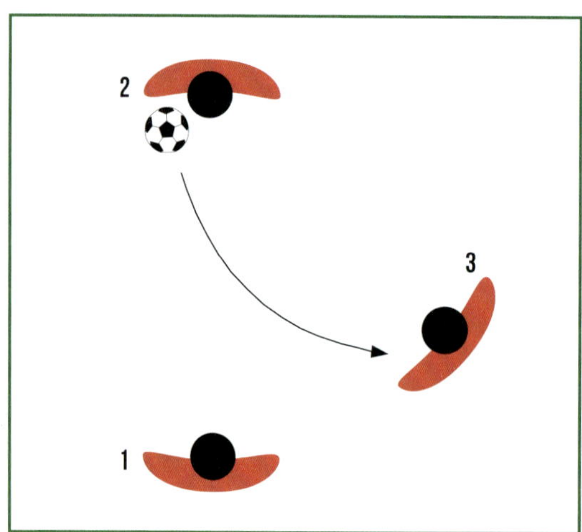

Abb. 5: „Schlechte" Option – die ballempfangende Spielerin 2 spielt einen Kreuzpass über das Standbein zu Spielerin 3.

Die Option Kreuzpass stellt in der fußballerischen Ausbildung einen technischen Fehler dar, den es zu vermeiden gilt. Der Kreuzpass ist sowohl in seiner Passstärke als auch in seiner Passqualität stark limitiert und rührt häufig daher, dass eine Spielerin nur über ihren starken Fuß spielen möchte (siehe Kap. 3.2.3.1).

3.1.2 DIE OFFENE KÖRPERSTELLUNG

Bei der offenen Körperstellung (Abb. 6) zeigt die Körpervorderseite der ballempfangenden Spielerin 2 **nicht** zur ballführenden Spielerin 1. Stattdessen geht lediglich der Blick der ballempfangenden Spielerin 2, gewissermaßen über die Schulter hinweg, zur ballführenden Spielerin 1. Die Körpervorderseite der ballempfangenden Spielerin 2 zeigt stattdessen bereits in Richtung der nächsten Anspielstation, also Spielerin 3.

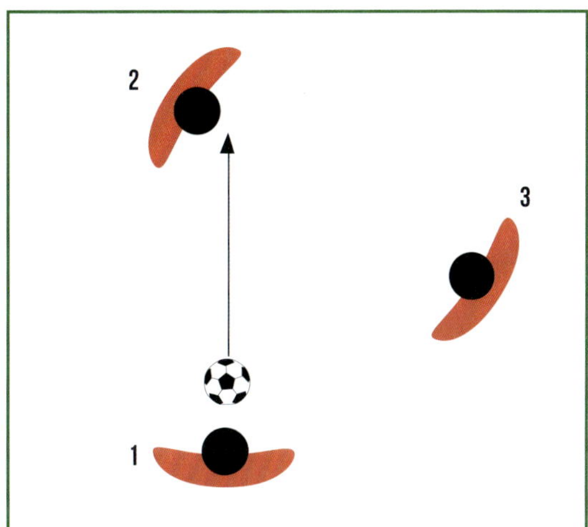

Abb. 6: Offene Körperstellung nach rechts beim Passspiel

Im Gegensatz zur geschlossenen Körperstellung zeigen bei der offenen Körperstellung Blick und Körper **nicht** in die gleiche Richtung:

- Der **Blick** der ballempfangenden Spielerin 2 zeigt in Richtung Spielerin 1.
- Der **Körper** der ballempfangenden Spielerin 2 zeigt in Richtung Spielerin 3.

Der Vorteil der offenen Körperstellung für die ballempfangende Spielerin 2 liegt darin, dass mit kleinen Drehungen/Verschiebungen des Körpers sämtliche Spieloptionen der geschlossenen Körperhaltung möglich sind, insbesondere jedoch, eine weitere gute Spieloptionen eröffnet wird (Abb. 7), nämlich

- der **direkte** Pass auf Spielerin 3.

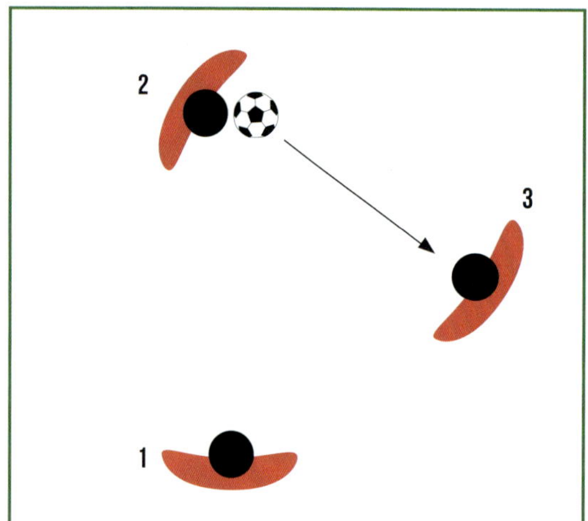

Abb. 7: Eine weitere gute Option durch eine offene Körperstellung – Ballweiterleitung zur Spielerin 3

Diese Ballweiterleitung kann direkt oder, nach erfolgter Ballkontrolle, mit zwei Kontakten gespielt werden. Im Gegensatz zur Option Kreuzpass bei geschlossener Körperstellung kann dieser Ball jedoch mit hoher Passqualität und -schärfe gespielt werden, da er, im Gegensatz zum Kreuzpass, nicht über das Standbein hinweg gespielt wird.

Des Weiteren wird dieser Pass, im Gegensatz zur Option Kreuzpass, im Falle der geschlossenen Körperstellung, für Spielerin 3 vorhersehbar, denn diese kann bereits aus der Körperstellung von Spielerin 2 ablesen, dass der Ball eventuell an sie weitergeleitet wird und dies bereits in einem Moment, bevor Spielerin 2 überhaupt den Ball hat. Ein Kreuzpass hingegen erlaubt diese Form der Kommunikation nicht und kann Spielerin 3 somit überraschen.

3.1.3 OFFENE KÖRPERSTELLUNG – SPIEL ÜBER DEN „RICHTIGEN" FUSS

Wie oben angedeutet, trainiert der Autor mit seinen Mannschaften systematisch das Konzept der offenen Körperstellung in Verbindung mit dem Passspiel über den Außenfuß. Bei der geschlossenen Körperstellung (siehe Abb. 3 und 4) steht es der ballempfangenden Spielerin 2 im Grunde frei, mit welchem Fuß der Ball kontrolliert oder gespielt wird. Dies ist jedoch nicht mehr der Fall, wenn das Konzept der offenen Körperstellung (Abb. 7) verwendet wird. Passschärfe und -qualität können entscheidend gesteigert werden, wenn die offene Körperstellung mit dem Passspiel über den „richtigen" Fuß kombiniert wird, also die Ballweiterleitung mit dem Außenfuß. Gleichzeitig fördert dieses Konzept die Beidfüßigkeit der Spielerinnen.

Passweiterleitung mit dem Außenfuß

Als *Außenfuß* wird der Fuß bezeichnet, der aus Sicht der passgebenden Spielerin 1 weiter von ihr entfernt ist. Das Spiel über den Außenfuß (Abb. 8) hat den Vorteil, dass Spielerin 2 in den von Spielerin 1 kommenden Ball hineinlaufen kann. Aufgrund der Bewegung in den Ball kann Spielerin 2 den Pass mit hoher Schärfe spielen. Ferner kann Spielerin 2, im Gegensatz zum Kreuzpass, einen geraden Pass auf Spielerin 3 spielen, der besser verarbeitet werden kann. Schließlich hat Spielerin 2 mehrere Möglichkeiten. Entweder leitet Spielerin 2 den Ball mit dem Außenfuß direkt zu Spielerin 3 weiter oder Spielerin 2 kontrolliert den Ball zunächst und entscheidet dann über die nächste Aktion.

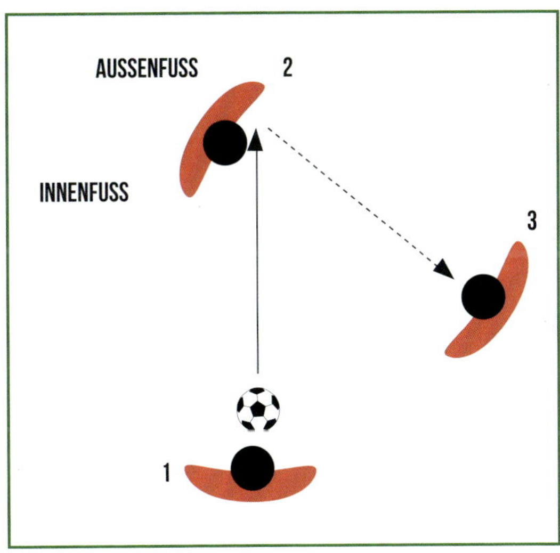

Abb. 8: Ballweiterleitung über den Außenfuß bei offener Körperstellung

Grundsätzlich hat Spielerin 2 auch die Möglichkeit, den direkten Pass zu Spielerin 3 mit dem Innenfuß zu spielen. Die beste Passqualität wird jedoch eindeutig mit dem Außenfuß erreicht (siehe Kap. 3.2.3.1). Ferner ist die Ballkontrolle mit dem Innenfuß aufgrund der Körperstellung erheblich schwieriger.

Aus dem Konzept der offenen Körperstellung in Verbindung mit der Passweiterleitung über den Außenfuß ergibt sich ein wesentlicher **Trainingsgrundsatz** für das Passspiel:

Pässe nach rechts werden mit dem rechten Fuß und Pässe nach links mit dem linken Fuß gespielt!

Direkter Rückpass (Klatschball) mit dem Innenfuß oder Außenfuß

Selbstverständlich ist Spielerin 2 in Abb. 8 nicht gezwungen, den Ball auf Spielerin 3 weiterzuleiten. Stattdessen kann Spielerin 2 durch eine kleine Körperdrehung den Ball auch auf Spielerin 1 zurückspielen. Dies kann mit zwei Kontakten nach erfolgter Ballkontrolle geschehen oder auch als direkter Rückpass (Klatschball) mit nur einem Ballkontakt. Dieser Klatschball kann sowohl mit dem Außen- als auch mit dem Innenfuß gespielt werden. Hier führt die Wahl eines bestimmten Fußes, im Gegensatz zur Ballweiterleitung auf Spielerin 3, zu keinem besonderen Vorteil.

Um ein schnelles Ein- oder Zwei-Kontakt-Spiel zu erzielen, ist es somit wesentlich, dass die Spielerinnen lernen, offen zu stehen (offene Körperstellung). Diese offene Körperstellung ermöglicht es der ballempfangenden Spielerin, den Ball mit dem Außenfuß zu kontrollieren oder auch direkt weiterzuleiten. Durch eine kleine Körperdrehung kann auch ein Klatschball auf die passgebende Spielerin gespielt werden.

Trainingsgrundsätze – Körperstellung und Spiel über den Außenfuß betreffend

- Die Spielerinnen ohne Ball nehmen eine offene Körperstellung gegenüber der ballführenden Spielerin ein.
- Die ballführende Spielerin wird über die Schulter hinweg angeschaut (nicht frontal).
- Die Körpervorderseite zeigt in Richtung des **nächsten** Passes.
- Der Ball wird mit dem Außenfuß kontrolliert oder gegebenenfalls direkt gespielt.
- Pässe nach rechts werden mit dem rechten Fuß und Pässe nach links mit dem linken Fuß gespielt.

Vorteile einer offenen Körperstellung

Die offene Körperstellung und das Passspiel über den Außenfuß ist mit einer Reihe von spielerischen Vorteilen verbunden:

- Die ballempfangende Spielerin hat die Möglichkeit, die direkte Ballweiterleitung als geraden, scharfen und präzisen Pass zu spielen.
- Die offene Körperstellung führt in unmittelbarer Weise zu Spielerinnendreiecken, die für jede Form von Ballbesitzfußball wesentlich sind.
- Die offene Körperstellung steigert die mannschaftliche Interaktion, da die Passrichtung des möglicherweise nächsten Passes bereits sichtbar wird, bevor dieser Ball gespielt wurde (Kommunikation durch Körperstellung; Abb. 9).
- An der Seitenauslinie hat Spielerin 1 durch die offene Körperstellung die Möglichkeit, eine angreifende Spielerin 3 selbst zu erkennen (Abb. 10), während sie bei einer geschlossenen Körperstellung auf eine Warnung durch Mitspielerin 2 angewiesen ist (Abb. 11).
- Die ballempfangende Spielerin 2 kann, statt den Ball weiterzuleiten, auch direkt mit dem Ball in den Raum starten (Abb. 12). Bei einer geschlossenen Körperstellung muss zunächst der Körper gedreht und gegebenenfalls der Ball zur Seite gelegt werden (Abb. 13).
- Das Spiel über den Außenfuß fördert die Beidfüßigkeit.

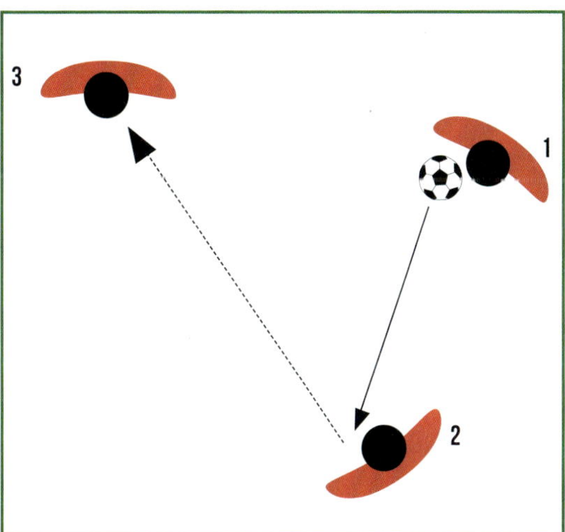

*Abb. 9: Nonverbale Kommunikation zwischen Spielerin 2 und 3, **bevor** Spielerin 2 den Ball hat.*

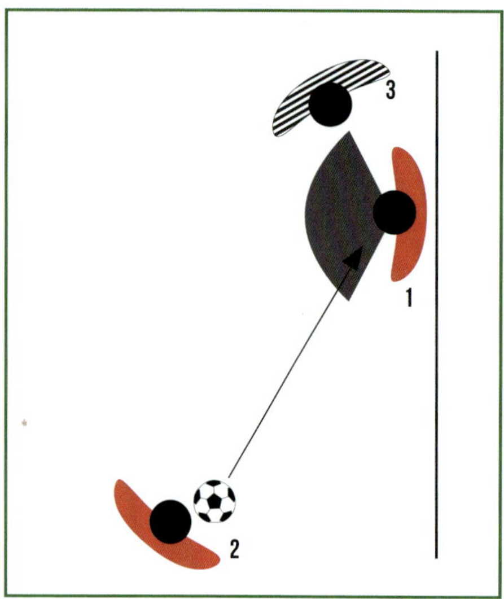

Abb. 10: Sichtfeld einer Flügelspielerin 1 an der Seitenauslinie bei offener Körperstellung. Die offene Körperstellung ermöglicht es Spielerin 1, den Angriff von Gegnerin 3 selbst zu erkennen.

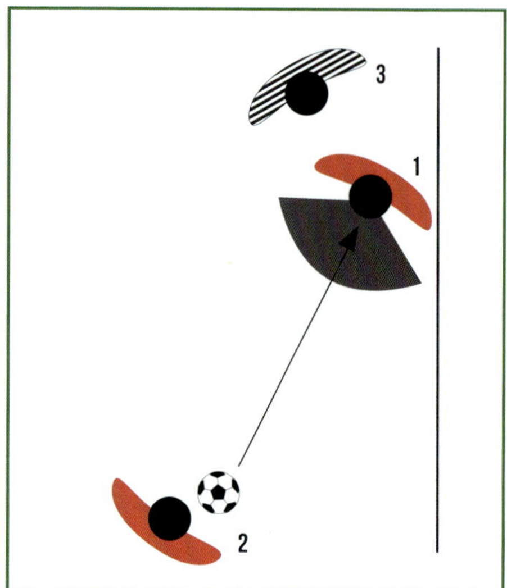

Abb. 11: Sichtfeld einer Flügelspielerin 1 an der Seitenauslinie bei geschlossener Körperstellung. Durch die geschlossene Körperstellung kann Spielerin 1 den Angriff von Gegnerin 3 nicht erkennen. Sie ist somit auf Unterstützung durch beispielsweise Spielerin 2 angewiesen.

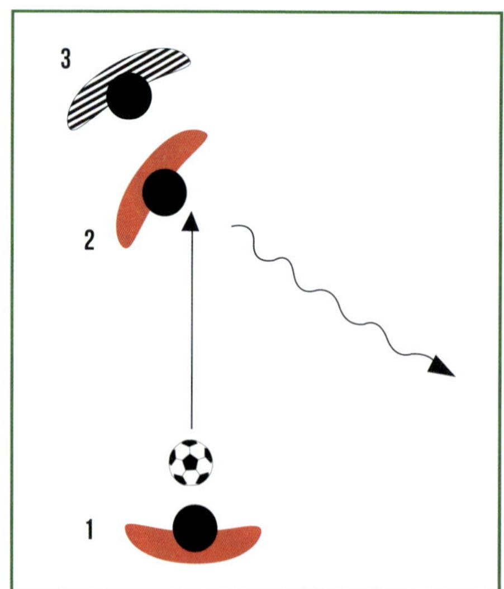

Abb. 12: Die ballempfangende Spielerin 2 startet direkt in den Raum (Gegnerin 3 im Rücken). Dies ist aufgrund der offenen Körperstellung möglich.

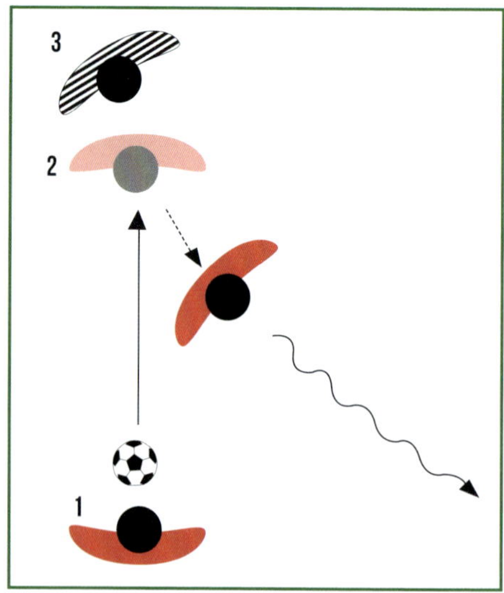

Abb. 13: Die ballempfangende Spielerin 2 muss den Ball erst zur Seite legen, um in den Raum starten zu können. Dies gibt Gegnerin 3 die Möglichkeit, den Angriff zu intensivieren.

3.2 PASSTECHNIK

Nachfolgend wird auf die Technik beim Passspiel und auf typische Fehler eingegangen. Es werden vier grundsätzliche Fehler beschrieben, die man häufig im Frauen- und Mädchenfußball beobachten kann. Diese schränken die Passqualität sowie die Passschärfe deutlich ein. Gutes Coaching erfordert, dass diese Fehler erkannt und Trainingsangebote gemacht werden, um diese Fehler zu korrigieren. Anschließend wird auf die Technik für den direkten Rückpass (Klatschball) eingegangen.

Begriffserklärungen

Standbein: Das Bein, auf welchem die Spielerin steht, während das Schwungbein den Ball trifft und zielgerichtet beschleunigt.

Schwungbein: Das Bein, mit welchem die Spielerin den Ball trifft und zielgerichtet beschleunigt, während die Spielerin auf dem Standbein steht.

Fußachse: Gedachte Linie durch die Ferse und den großen Zeh.

3.2.1 PASSSPIEL MIT KORREKTER TECHNIK

Beim korrekten Pass befindet sich das Standbein seitlich, leicht hinter dem Ball. Das Schwungbein wird aus der Hüfte heraus nach hinten geführt und das Knie des Schwungbeins leicht eingeknickt. Das Schwungbein wird aus dieser Position nach vorne beschleunigt. Der Rumpf bleibt dabei aufrecht und beugt sich nicht nach vorne.

Der Ballkontakt findet in dem Moment statt, wenn sich das Schwungbein auf Höhe des Standbeins befindet. In diesem Moment ist das Knie des Schwungbeins nur noch so leicht gebeugt, dass der Fuß des Schwungbeins den Ball mittig trifft. Gleichzeitig ist das Schwungbein aus der Hüfte heraus nach außen gedreht (etwa 90 Grad), sodass der Ball mit der Fußinnenseite getroffen wird. Um das Fußgelenk zu stabilisieren, wird die Fußspitze leicht angezogen und die Ferse etwas nach unten gedrückt (Abb. 14a-c; Abb. 15a-c).

Nach der Ballberührung wird das Schwungbein nach vorne durchgeschwungen, anschließend zurückgeführt und neben dem Standbein abgestellt oder es wird direkt in eine Laufbewegung übergegangen.

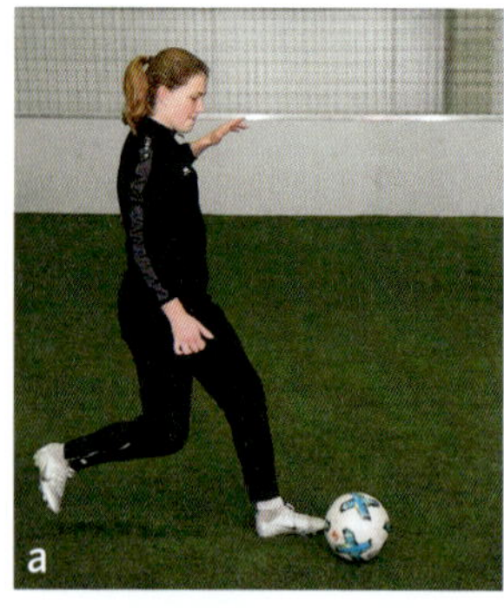
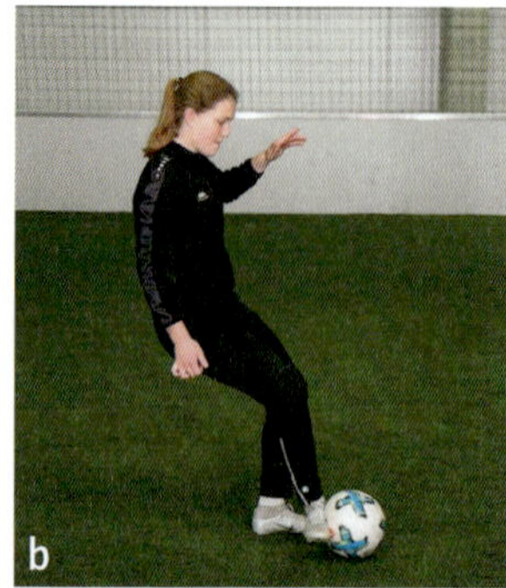
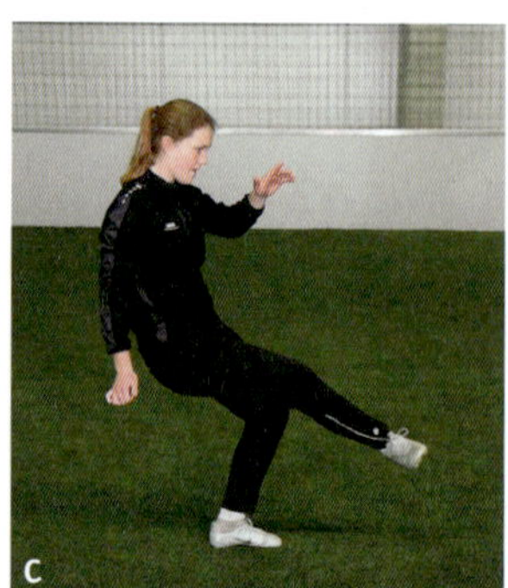

Abb. 14a-c: Korrekter Pass von der Seite

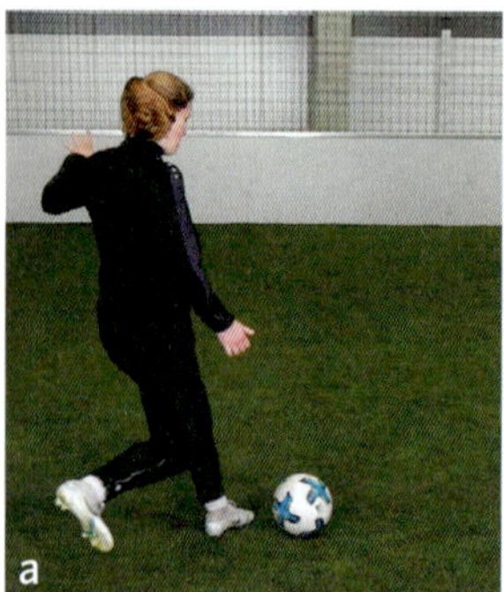
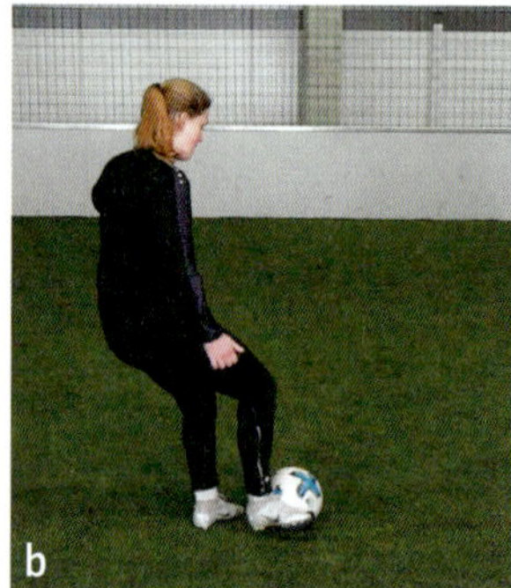
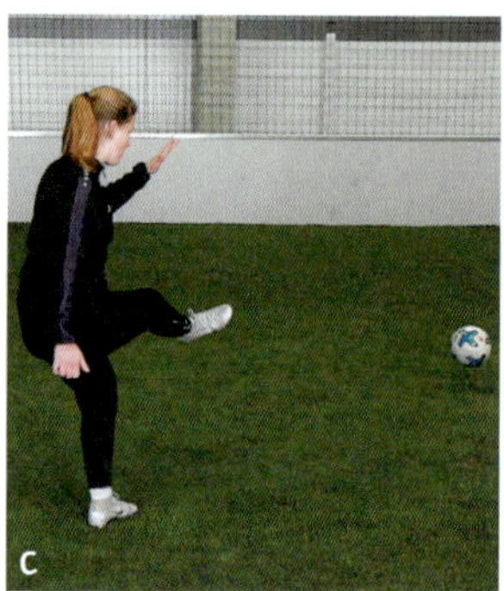

Abb. 15a-c: Korrekter Pass von hinten

3.2.2 FEHLERBILDER IM PASSSPIEL

Korrekt ausgeführt, kann mithilfe der beschriebenen Passtechnik ein flacher und gerader Pass gespielt werden. Aus der Lauf- bzw. Flugbahn des Balls kann man auf vorhandene technische Fehler schließen. Dies erlaubt es der Spielerin und dem Trainer, gemeinsam an der Verbesserung der Technik zu arbeiten.

- **Der Ball zeigt eine aufsteigende Flugkurve, statt flach über den Rasen zu rollen/zu fliegen.**

  Mögliche Ursachen:

  » Die Spielerin hat das Schwungbein zu sehr gestreckt. Sie trifft deshalb den Ball zu tief und nicht mittig. Auf diese Weise bekommt der Ball eine steigende Flugbahn.

  » Die Spielerin macht einen „Schrittpass" (siehe Kap. 3.2.3.2). Sie trifft deshalb den Ball zu tief, weshalb dieser eine steigende Flugbahn einnimmt. Ist dieser Fehler ursächlich, dann fehlt das Element des Durchschwingens des Schwungbeins nach der Ballberührung.

- **Der Ball „hoppelt"**

  Mögliche Ursache:

  » Der Ball ist im Moment des Ballkontakts zu sehr unter dem Körper, sodass der Fuß des Schwungbeins den Ball schräg oben trifft. Der Ball springt folglich vom Boden ab und läuft nicht gerade.

- **Der Ball hat einen Drall und läuft eine Kurve**

  Mögliche Ursache:

  » Der Fuß des Schwungbeins ist nicht ausreichend aufgedreht, wodurch der Fuß den Ball schräg trifft. Der Ball bekommt deshalb einen Drall und dreht sich um die eigene Achse (siehe auch Kap. 3.2.3.1).

Das Coaching für die beschriebenen Fehler besteht darin, das jeweilige Problem mit der Spielerin zu besprechen, die korrekte Bewegung vorzumachen, um die Lösungsmöglichkeiten aufzuzeigen. Idealerweise kann das Passspiel an einer Wand im Einzelcoaching trainiert und verbessert werden. Die Spielerin hat auf diese Weise die Möglichkeit, sich ganz auf sich selbst zu konzentrieren und kann in sehr kurzer Zeit eine hohe Wiederholungszahl an Pässen erreichen.

3.2.3 TECHNISCHE FEHLER IM PASSSPIEL

3.2.3.1 KREUZPASS

Als *Kreuzpass* wird ein Fehler in der Bewegungsform beim Passspiel bezeichnet, bei der das Schwungbein über die Fußachse des Standbeins schwingt. Die Beinachsen werden also überkreuzt, es wird „über das Standbein" gespielt (Abb. 16a-c).

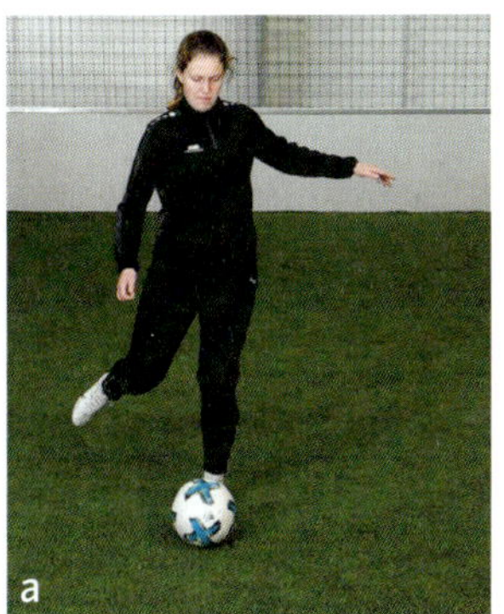

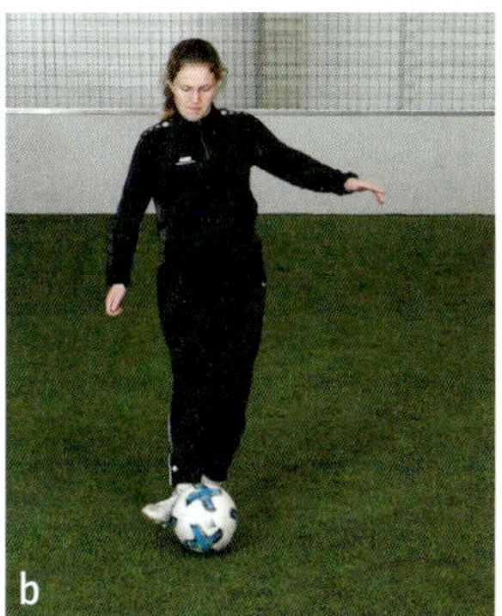

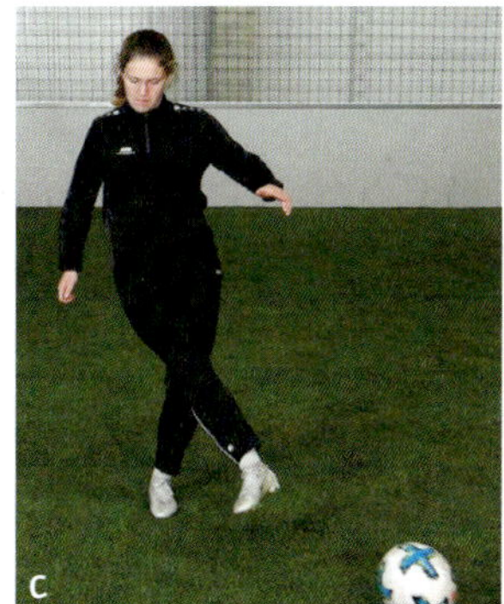

Abb. 16a-c: Bildfolge zum Kreuzpass. Das Schwungbein überkreuzt das Standbein.

Die Folge dieser Passtechnik ist, dass ein gerader Pass nicht gespielt werden kann. Das Schwungbein trifft den Ball leicht seitlich, sodass der Ball angeschnitten wird und sich mit Drall in einer (leichten) Kurvenform bewegt. Ferner ist das Schwungbein, weil es das Standbein überkreuzt, in seiner Beweglichkeit eingeschränkt. Kraftvolle Pässe sind somit nicht möglich.

Die Ursache für den Kreuzpass (Abb. 17) liegt in der fehlerhaften (geschlossenen) Körperstellung bzw. in der Vermeidung eines Passes mit dem vermeintlich schwächeren Fuß. Der Pass verliert hierdurch an Genauigkeit und Schärfe.

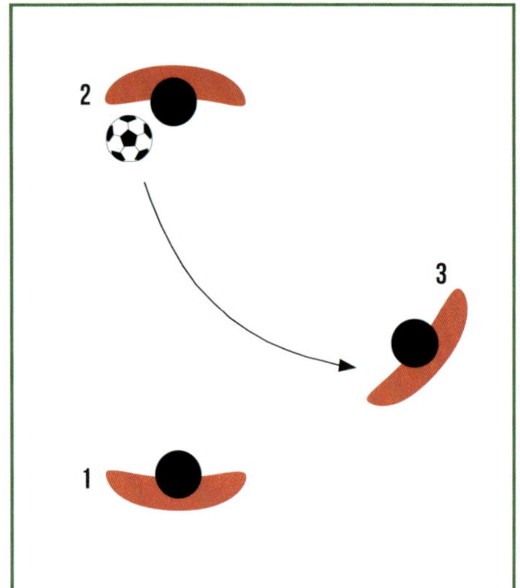

Abb. 17: Kreuzpass im Passspiel

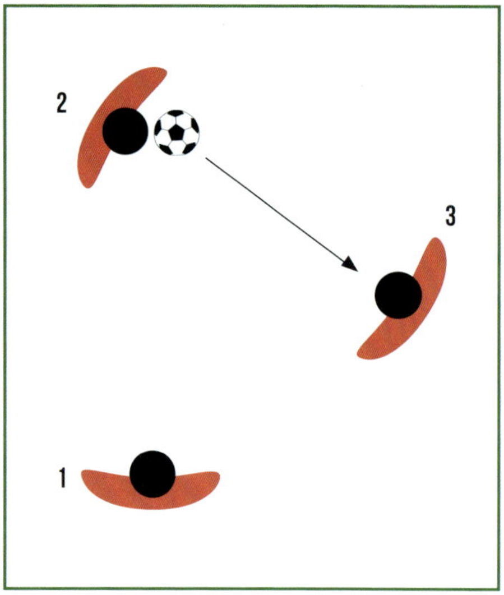

Abb. 18: Passspiel mit dem Außenfuß zur Vermeidung des Kreuzpasses

Kreuzpässe treten häufig dann auf, wenn Spielerinnen versuchen, ausschließlich mit ihrem stärkeren Fuß und somit unter Vermeidung des schwächeren Fußes zu spielen. In Abb. 17 kann vermutet werden, dass Spielerin 2 einen starken rechten Fuß hat und somit den linken Fuß lieber nicht einsetzt. Würde Spielerin 2 offen stehen, so wäre sie gezwungen, nun doch mit dem linken Fuß zu passen (siehe Abb. 18). Die offene Körperstellung fördert somit die Beidfüßigkeit.

Coaching beim Kreuzpass

Das korrigierende Coaching für den Kreuzpass beginnt mit dem beschriebenen **Trainingsgrundsatz**, dass Pässe nach rechts mit dem rechten Fuß und Pässe nach links mit dem linken Fuß gespielt werden, und somit unter Verwendung des Außenfußes. Mit dieser Vorgabe werden die Ursachen für den Kreuzpass angesprochen und beseitigt. Dabei kann es durchaus notwendig werden, nicht nur den Körper an sich aufzudrehen, sondern auch einen Schritt aus der Laufrichtung des Balls herauszumachen, um diesen gewissermaßen zu umlaufen und somit das Passspiel über den Außenfuß erst möglich zu machen.

Eine Übung, um Spielerinnen den beschriebenen Grundsatz beizubringen und ihnen den Kreuzpass abzugewöhnen, ist ein 4-gegen-1-Spiel im Quadrat (Abb. 19). Hier gibt es eine Balljägerin in der Mitte eines Hütchenquadrats. Sie darf das Quadrat nicht verlassen. Auf jeder Seitenachse befindet sich je eine Spielerin. Diese Spielerinnen stehen außerhalb des Quadrats und haben die Aufgabe, sich ausschließlich durch Sidesteps entlang der Seitenlinie freizulaufen und sich gegebenenfalls auch durch Absetzen von der Linie etwas Raum und Zeit zu verschaffen. Die Körpervorderseite zeigt jedoch **immer** in Richtung Mitte des Spielfelds (offene Körperstellung). Dadurch eröffnen sich drei Passoptionen für die Außenspielerinnen:

- Pass auf die jeweilige linke Spielerin;
- Pass auf die jeweilige rechte Spielerin;
- Pass auf die Spielerin auf der gegenüberliegenden Seite.

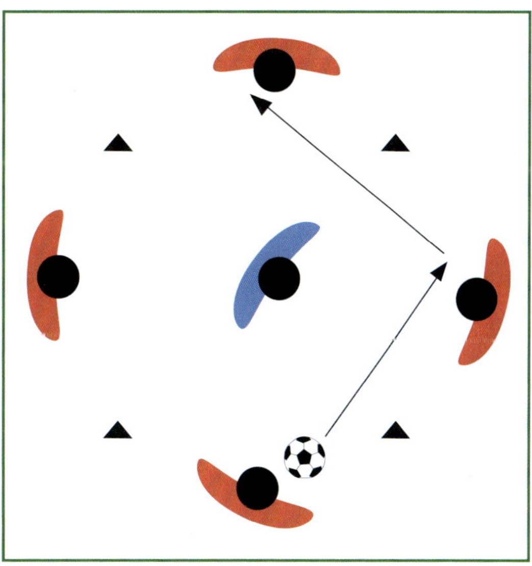

Abb. 19: Spiel 4 gegen 1 zur Schulung der offenen Körperstellung und des Spiels über den Außenfuß

Ziel ist es, dass die äußeren Spielerinnen den Ball zirkulieren lassen und durch schnelles Spiel den Ball vor dem Zugriff durch die Jägerin schützen. Es gilt, die Spielerinnen ständig zu ermutigen, ausschließlich mit dem Außenfuß zu spielen, auch wenn der Pass nicht ankommt oder schwach ist, weil der ungewohnte/schwache Fuß eingesetzt werden muss. Entscheidend ist jedoch, den Kreuzpass zu unterbinden, um die offene Körperstellung zu schulen und die Beidfüßigkeit zu entwickeln.

Ein Verdrehen der Körpervorderseite zur Ballführenden (Abb. 20) ist zu unterbinden, da dies zu einer geschlossenen Körperstellung führt. Statt der oben genannten drei Passmöglichkeiten hat die Spielerin jetzt nur noch die erste Option, also den direkten Rückpass/Klatschball, während Möglichkeiten 2 und 3 nicht mehr gegeben sind bzw. nur durch einen unerwünschten Kreuzpass (Abb. 21).

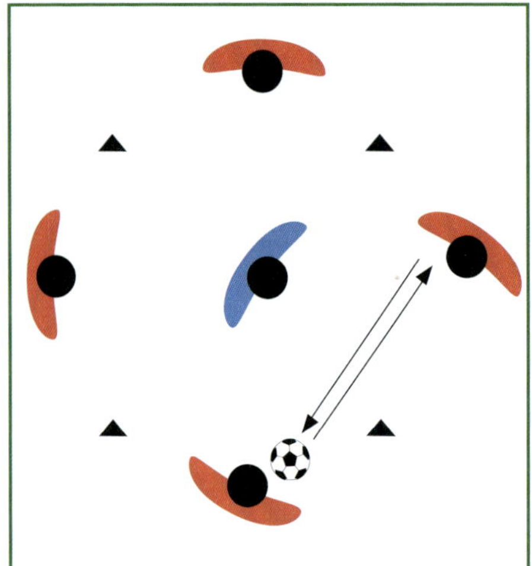

Abb. 20: Spiel 4 gegen 1, die geschlossene Körperstellung limitiert die Passmöglichkeiten auf den Rückpass.

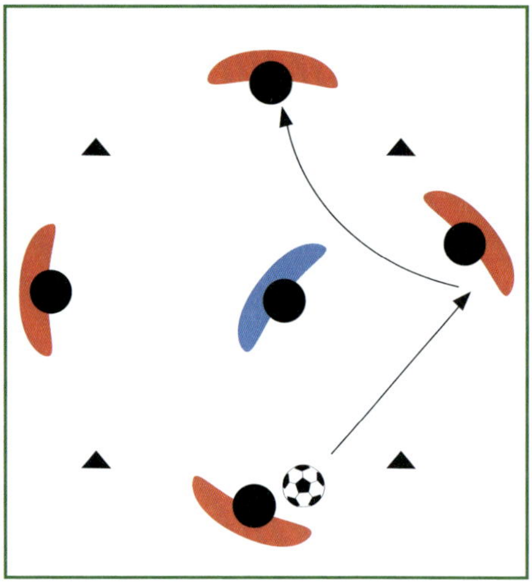

Abb. 21: Spiel 4 gegen 1, geschlossene Körperstellung, unerwünschter Kreuzpass

Falls sich eine Spielerin entschlossen hat (bei offener Körperstellung), den Ball anzunehmen (erster Kontakt), dann ist sie frei in ihrer Entscheidung, je nach Laufweg der Jägerin im Zentrum, in jede beliebige Richtung zu spielen. Auch dieser Pass (zweiter Kontakt) kann ohne Qualitätsverlust mit beiden Füßen gespielt werden.

Das Coaching dieser Übung sollte sich auf folgende Elemente konzentrieren:

- Immer eine offene Körperposition einnehmen.
- Die Anzahl an Kontakten sollte auf zwei begrenzt sein.
- Kreuzpässe müssen unterbunden werden.

Die Größe des Quadrats wirkt sich unmittelbar auf die Spielgeschwindigkeit aus. Ein größeres Quadrat gibt den Außenspielerinnen mehr Zeit, um den Ball zu kontrollieren. Es ist ratsam, zunächst mit einem größeren Quadrat, z. B. mit einer Kantenlänge von fünf Metern, zu beginnen und zu beobachten, ob ein schöner Spielfluss zustande kommt.

Ist dies der Fall, dann wird die Kantenlänge schrittweise reduziert, um die notwendige Geschwindigkeit des Spiels und die Handlungsschnelligkeit zu erhöhen und damit die Intensität zu steigern. Falls kein Spielfluss entsteht, wird das Quadrat wieder entsprechend vergrößert.

Konsequentes Coaching erlaubt es, mit Übungen dieser Art in kurzer Zeit

- eine gute Beidfüßigkeit zu erzielen;
- die offene Körperposition zu erlernen;
- das Kreuzpassspiel durch ein Passspiel mit dem Außenfuß zu ersetzen und
- das mannschaftliche Zusammenspiel deutlich zu beschleunigen.

Selbstverständlich ist der Kreuzpass, clever verwendet, auch ein gutes und schönes spielerisches Mittel. In der Ausbildung geht es jedoch in erster Linie darum, Grundtechniken zu erlernen und kontrollierte, gerade und scharfe Pässe zu spielen.

3.2.3.2 SCHRITTPASS

Als *Schrittpass* wird eine Passtechnik bezeichnet, bei der das Schwungbein nach dem Pass wie ein Schritt auf dem Boden abgestellt wird und nicht durchschwingt. Bisweilen zeigen Spielerinnen diesen technischen Fehler nur bei einem Fuß, meist dem schwächeren.

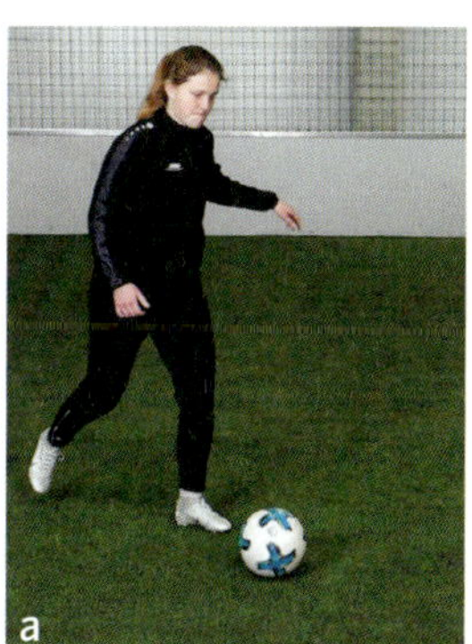

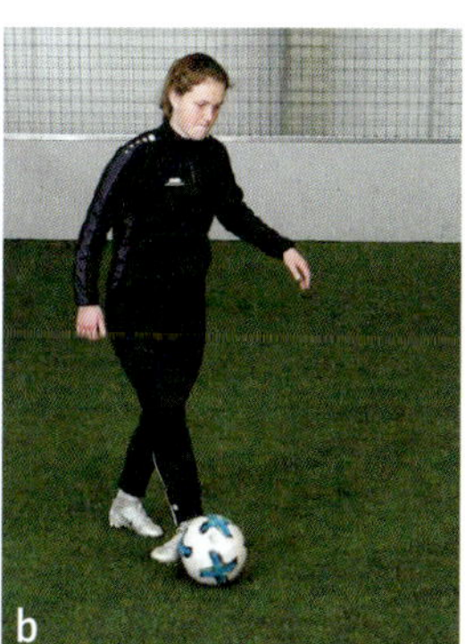

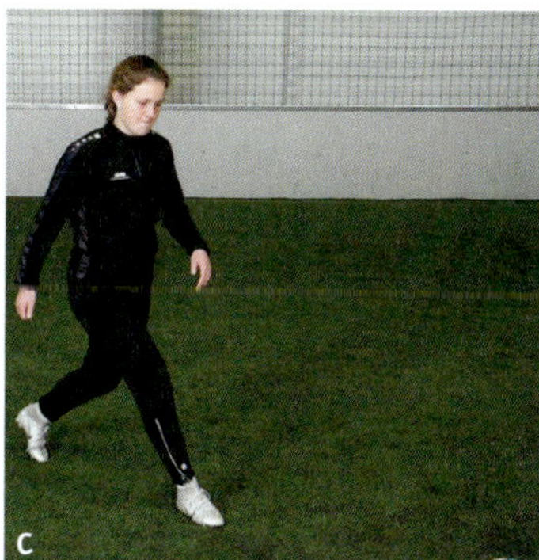

Abb. 22a-c: Bildfolge beim Schrittpass. Der Pass wird als Schritt ausgeführt.

Ursächlich für diese Passform ist eine fehlerhafte Koordination von Standbein, Ball und Schwungbein. Der Ball wird weit vor dem Standbein getroffen (Abb. 22a). Die fehlende Balance führt zu einer Verlagerung des Körperschwerpunkts vor das Standbein (Abb. 22b), die durch einen Schritt aufgefangen werden muss (Abb. 22c).

Die Folge dieser inkorrekten Passtechnik ist, dass nur wenig Energie auf den Ball übertragen werden kann, da die meiste Energie faktisch in den Boden getreten wird. Scharfe Pässe sind deshalb nicht möglich. Auch besteht die Gefahr, dass der Fuß verdreht auf den Boden aufgesetzt wird. Die Verletzungsgefahr im Knöchel- und Kniebereich ist deshalb merklich erhöht.

Coaching beim Schrittpass

Das korrigierende Coaching setzt bei der fehlenden Balance an und wird im Rahmen einfacher Passübungen trainiert. Die Spielerin wird zunächst aufgefordert, Luftpässe (also ohne Ball) zu spielen und dabei das Schwungbein fast hüfthoch durchzuschwingen. Dabei muss das Gleichgewicht auf dem Standbein gehalten werden. Diese Übung muss mit beiden Füßen durchgeführt werden.

Klappt dies zuverlässig, so wird das Gleiche mit Ball durchgeführt. Erneut muss die Spielerin stabil auf dem Standbein stehen bleiben, während das Schwungbein durchschwingt, ohne den Boden zu berühren. Ein Schritt darf erst gemacht werden, wenn das Schwungbein nach der Ballberührung wieder beim Standbein angekommen ist und dort abgestellt wurde. Verstärken kann man dieses Gleichgewichtstraining, indem man die Spielerin auffordert, nach der Ballberührung das Schwungbein so hoch durchzuschwingen, dass mit der gegenüberliegenden Hand die Fußspitze des Schwungbeins berührt werden kann. Die Passschärfe ist in dieser Phase unerheblich.

Was die Passrichtung angeht, so sollte das Aufdrehen aus der Hüfte beachtet werden. Das Hauptziel ist es jedoch, zunächst das Halten des Gleichgewichts auf dem Standbein zu erlernen, während das Schwungbein den Ball schießt und durchschwingt.

Sobald die genannten Vorübungen sicher beherrscht werden, geht man über ins Passtraining aus der Bewegung heraus. Entscheidend ist, dass das Standbein immer direkt neben den Ball gesetzt wird, um den Pass zu spielen. Ferner muss darauf geachtet werden, dass die Spielerin weiterhin nur dann einen Schritt macht, wenn sie die Balance gehalten und nach dem Pass das Schwungbein wieder neben das Standbein geführt hat.

Auch wenn es mühselig ist, so muss das Coaching systematisch beibehalten werden, um den Schrittpass auf beiden Füßen abzutrainieren, da dieser technische Fehler ansonsten zu einer fundamentalen Hürde in der weiteren fußballerischen Entwicklung werden kann.

3.2.3.3 BALLETTFUSS

Als *Ballettfuß* wird eine fehlerhafte Fußhaltung beim Passspiel bezeichnet. Hierbei wird der Fuß im Moment der Ballberührung spitz nach vorne ausgestreckt und nicht, wie oben beschrieben, die Fußspitze etwas angehoben. Der Ball wird recht körperfern, schräg vor dem Körper, getroffen (Abb. 23a). Es kommt zu einer Sensenbewegung des Schwungbeins, also zu einer Rotationsbewegung um die vertikale Körperachse (Abb. 23b). Diese ist notwendig, damit die ausgestreckte Fußspitze den Boden nicht berührt (Abb. 23c). Beim Ballettfuß wird der Ball mit der Innenseite des Fußes gespielt und ist somit klar zu unterscheiden von einem Pass mittels Vollspann (Abb. 23c). Das Schwungbein kann nach der Ballberührung in der Luft durchschwingen (Abb. 23d) oder auch als Schrittpass abgestellt werden (nicht gezeigt).

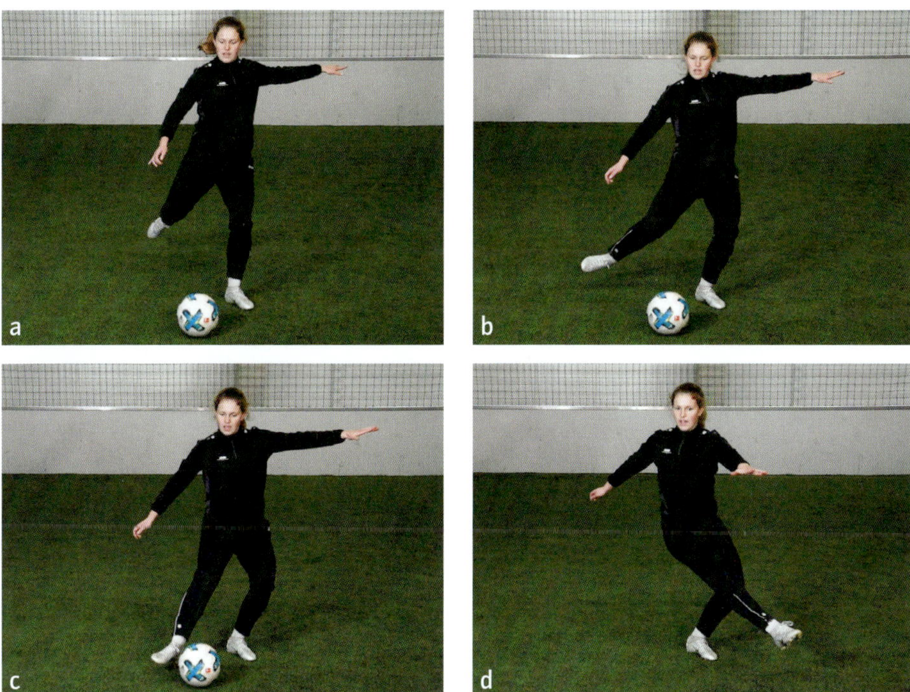

Abb. 23a-d: Bilderfolge beim Ballettfuß

Die Folge dieser Passtechnik ist, dass der Ball körperfern getroffen wird und somit nur schlecht vor einem gegnerischen Zugriff geschützt werden kann. Ferner erhält der Ball durch die Sensenbewegung des Schwungbeins meistens einen Drall, sodass gerade Pässe nur schwer gespielt werden können. Auch ist es deutlich schwieriger, flache Pässe zu spielen, da die Fußspitze leicht in den unteren Bereich des Balls gerät und der Ball somit eine ansteigende Flugbahn erhält.

Ursächlich für diese Passform ist eine fehlerhafte Fußstellung des Schwungbeins. Hieraus ergibt sich eine ungünstige Positionierung des Standbeins und eine nicht ergonomische Ausholbewegung.

Coaching beim Ballettfuß

Das korrigierende Coaching setzt bei einer ausführlichen Erklärung an, um die grundsätzlichen Probleme zu verdeutlichen. Die Korrektur beginnt am besten ohne Ball, indem man die Spielerin auffordert, das Schwungbein neben dem Standbein gerade durchzuschwingen und dabei bewusst die Fußspitze anzuziehen und die Ferse nach unten zu drücken. Um ein Gefühl für diese Bewegung zu erzeugen, kann der Spielerin die Aufgabe gegeben werden, mit der Ferse knapp den Boden zu streifen. Es kommt vor, dass Spielerinnen bei dieser Aufgabe das Knie des Schwungbeins einknicken, um den Ballettfuß beizubehalten. Dies muss unbedingt korrigiert werden.

Sobald die Grundbewegung ohne Ball rechts wie links gut funktioniert, wird der Ball hinzugenommen. Wichtig ist, dass das Standbein immer korrekt neben dem Ball aufgesetzt wird, um die Sensenbewegung als Ursache für den Ballettfuß unmöglich zu machen. Ein Passspiel gegen eine Wand im Rahmen einer Einzelbetreuung ist ideal, um diese Fehltechnik abzutrainieren.

3.2.3.4 KNIEPASS

Als *Kniepass* wird eine fehlerhafte Passtechnik bezeichnet, bei der die Ausholbewegung des Schwungbeins aus der Hüfte heraus fehlt oder nur schwach ausgeprägt ist. Gleiches gilt für die Durchschwungbewegung nach dem Ballkontakt. Stattdessen wird das Knie stark eingeknickt und der Fuß knapp hinter das Gesäß angehoben. Für den Pass wird der Fuß des Schwungbeins durch ein „Aufschnappen" des Kniegelenks beschleunigt und zum Ball geführt. Gelegentlich wird diese Passtechnik mit einem Schrittpass kombiniert (Abb. 24a-c).

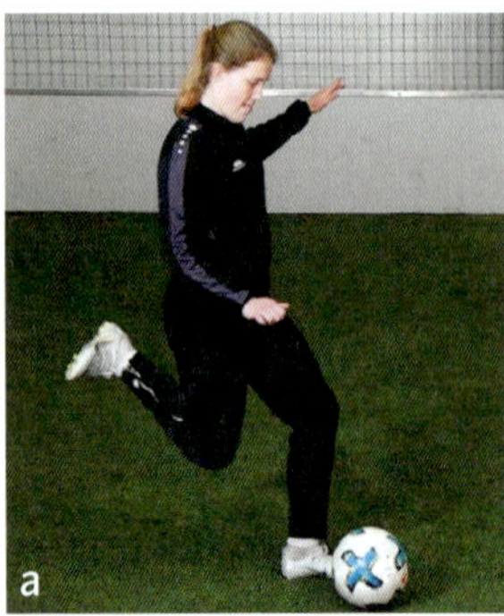

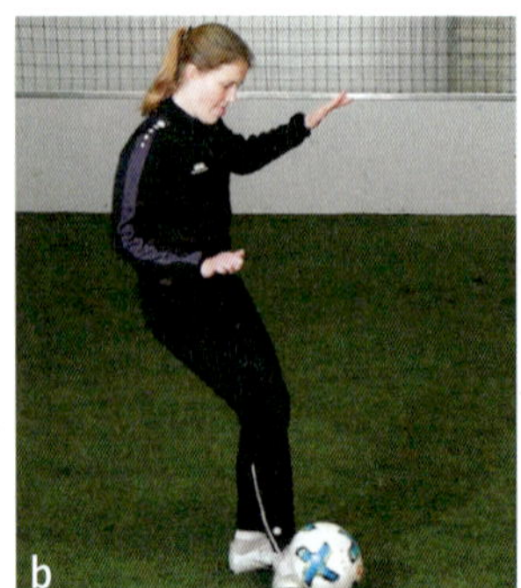

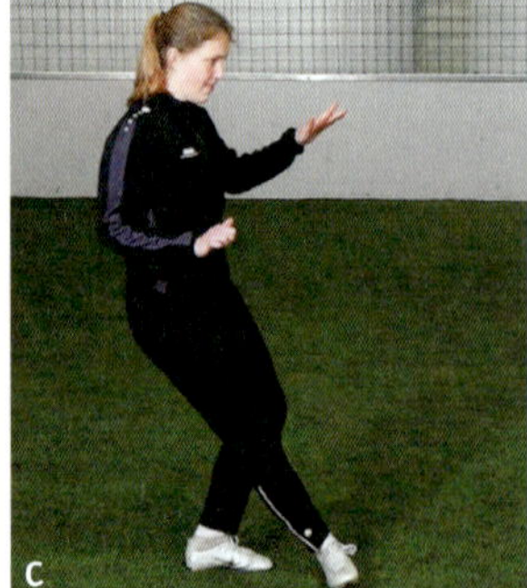

Abb. 24a-c: Bildfolge beim Kniepass. Der Schwung für den Pass wird durch das „Aufschnappen" des Knies generiert.

Die Folge dieser inkorrekten Passtechnik ist, dass nur eine limitierte Passhärte erreicht werden kann. Auch ist es schwierig, den Ball so zu treffen, dass dieser flach bleibt. Stattdessen kommt es häufig vor, dass der Ball leicht von oben getroffen wird und zu fliegen bzw. zu „hoppeln" beginnt. Flache Klatschbälle werden mit steigender Passhärte schwieriger bzw. nahezu unmöglich.

Ursächlich ist eine grundsätzlich falsch angelegte Bewegungsform, bei der die Ausholbewegung des Oberschenkels aus der Hüfte nach hinten nur schwach ausgebildet ist. Gleiches gilt für das Durchschwingen des Schwungbeins nach vorne.

Coaching beim Kniepass

Das korrigierende Coaching setzt bei der fehlenden Hüftbewegung ein. Zunächst jedoch sollte durch ausführliches Erklären und Vormachen der Spielerin die korrekte Ausholbewegung verdeutlicht werden. Der Einsatz eines Handyvideos kann hierbei hilfreich sein.

Dann sollte die Ausholbewegung des Schwungbeins zunächst ohne Ball eingeübt werden. Sobald diese beherrscht wird, wird der Ball hinzugenommen. Ideal sind Passübungen unter Aufsicht gegen eine Wand, bei der die Spielerin sich allein auf ihre Bewegung konzentrieren kann.

Die besondere Schwierigkeit beim Bewältigen dieses technischen Fehlers liegt darin, dass die komplette Bewegungskoordination umgestellt werden muss. Das Timing für den Rückschwung des Schwungbeins muss, beispielsweise, völlig neu erlernt werden. Ferner kann es auch notwendig werden, Dehnungsübungen durchzuführen, um ausreichend Beweglichkeit in der Hüfte für die Ausholbewegung zu schaffen.

3.3 DER KLATSCHBALL

Der Begriff *Klatschball* bezeichnet einen direkten Rückpass oder die direkte Ballweiterleitung auf eine weitere Spielerin. Die besondere Bedeutung des Klatschballs liegt darin, dass er es erlaubt, die Geschwindigkeit und Dynamik des Zusammenspiels innerhalb der Mannschaft deutlich zu steigern. Tatsächlich kann mithilfe von Klatschbällen und direkten Ballweiterleitungen das Spiel in seiner Geschwindigkeit so weit gesteigert werden, dass dies durch Laufbewegungen nicht mehr zu kompensieren ist.

Im Gegensatz zum Pass wird der Klatschball weder gestoppt noch der Ball vor dem Pass angeschoben. Auch findet, wenn überhaupt, nur eine reduzierte Ausholbewegung statt. Dem Ball wird folglich im Unterschied zum normalen Pass relativ wenig neue Energie zugeführt. Stattdessen wird im Wesentlichen der vorhandene Schwung des Balls genutzt und nur die Laufrichtung des Balls umgelenkt, indem man die entsprechende Körperstellung einnimmt.

Voraussetzung für einen guten Klatschball ist somit ein ausreichend scharfer Pass von der passgebenden Spielerin. Schwach gespielte Bälle können nur schlecht als Klatschball verarbeitet werden.

Die Herausforderung beim Spielen von Klatschbällen liegt darin, dass der Ball genauso verarbeitet werden muss, wie er eben ankommt. Die den Klatschball spielende Spielerin steht somit vor der Aufgabe, sich durch entsprechende Bewegungen des eigenen Körpers (Anlaufen des Balls und/oder Drehung des Körpers) und durch Anzeige, auf welchen Fuß der Ball aufgelegt werden soll, so zu positionieren, dass der Ball in die gewünschte Passrichtung „geklatscht" werden kann.

Hier kommen sämtliche Grundsätze voll zur Geltung, die in den Kapiteln offene Körperstellung und Passspiel über den Außenfuß bereits erläutert wurden.

Die entscheidenden technischen Elemente, um einen guten Klatschball spielen zu können, sind (Abb. 25a-c), dass

- das Standbein nah beim Ball platziert wird und
- dass der den Klatschball spielende Fuß im Moment des Ballkontakts in der Luft ist.

Die genannten Punkte sind technisch miteinander verbunden und bedingen einander. Nur wenn das Standbein nah beim Ball ist, kann der den Klatschball spielende Fuß auch in der Luft sein. Ist das Standbein zu weit weg vom Ball, dann kommt es häufig zu einem Schrittpass, mit der Folge, dass der Ball eventuell ansteigt und nicht gerade gespielt werden kann. Somit ist der Klatschball von der Bewegungstechnik dem normalen Pass sehr ähnlich, abgesehen davon, dass es wenig bis keine Ausholbewegung gibt.

Ein weiterer wichtiger Unterschied ist, dass der Klatschball häufig aus einer Anlaufbewegung gespielt wird. Dies bedeutet, dass eine Spielerin dem Ball entgegenläuft/-sprintet. Entscheidend für ein Gelingen des Klatschballs auch aus dieser Situation heraus bleiben jedoch die beiden oben genannten Punkte, also dass das Standbein nah beim Ball platziert wird und der klatschende Fuß im Moment der Ballberührung, wie beim normalen Pass, in der Luft und das Fußgelenk durch Anziehen der Fußspitze stabilisiert wird.

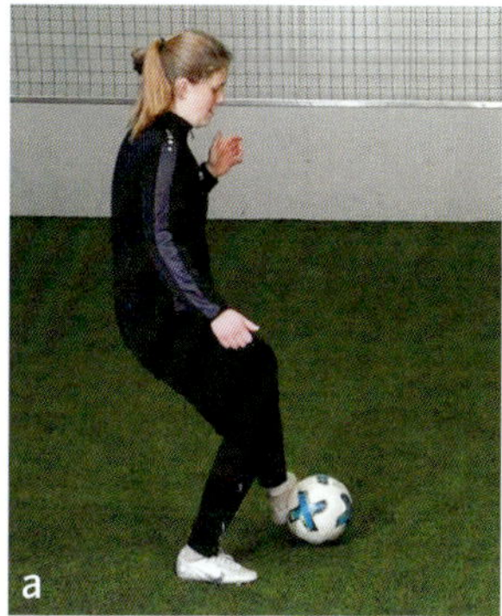

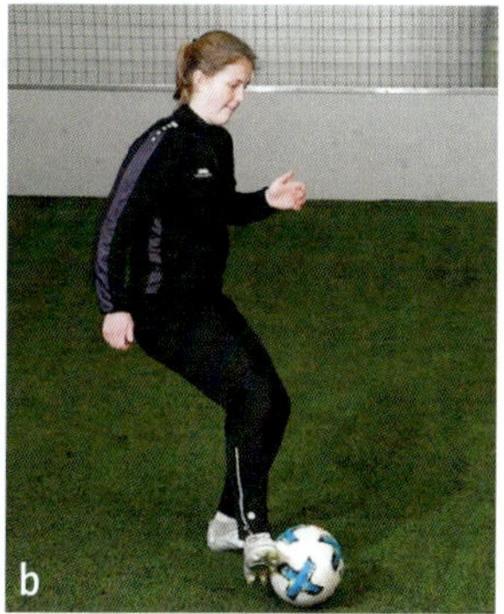

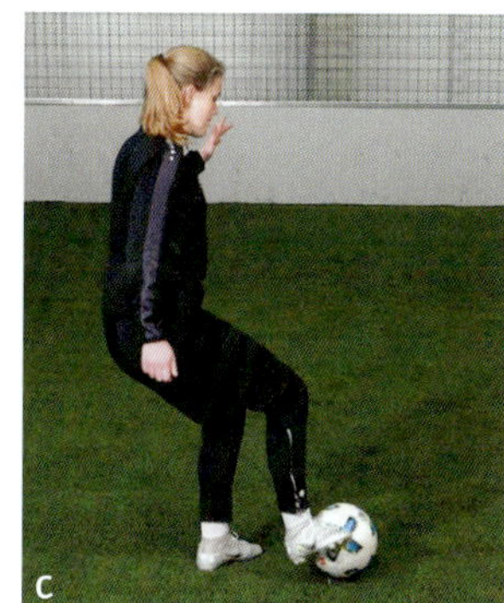

Abb. 25a-c: Klatschball mit dem linken (a) bzw. rechten Fuß (b) und von schräg hinten (c)

Die simpelste Trainingsform für den Klatschball ist in Abb. 26 gezeigt. Hier stehen sich zwei Spielerinnen in einem Abstand von etwa 2-3 Metern gegenüber und lassen den Ball durch direktes Passspiel zwischen sich laufen. Die Spielerinnen müssen jeweils den Fuß verwenden, der angespielt wird. Ein Umlaufen des Balls, um diesen mit dem stärkeren Fuß zu spielen, sollte unterbunden werden, um die Beidfüßigkeit zu fördern. Als Steigerung kann man den Abstand zunehmend verkleinern, sodass die Geschwindigkeit der Aktionen deutlich zunimmt.

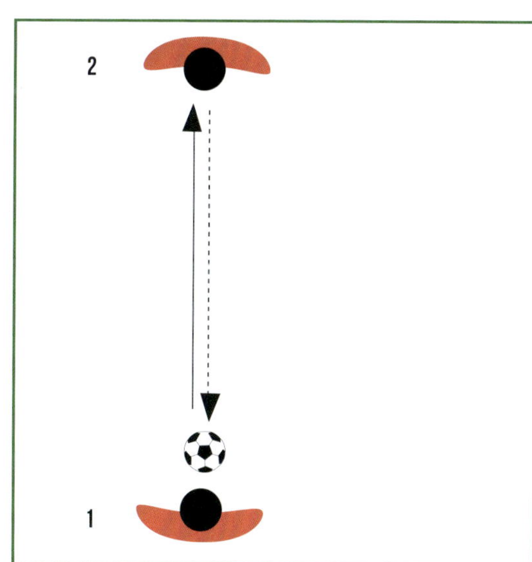

Abb. 26: Der direkte Rückpass (Klatschball) von Spielerin 2 auf die passgebende Spielerin 1 und zurück

Eine erste Steigerung der Komplexität ist in Abb. 27 gezeigt. Hier bleibt Spielerin 1 ortsfest und dreht nur den Körper, um den Ball sauber mit dem jeweils angespielten Fuß abwechselnd rechts und links am Hütchen vorbeipassen zu können. Spielerin 2 hingegen führt hinter dem Hütchen Querbewegungen aus und klatscht den Ball zurück. Nach Vorgabe kann der Klatschball von Spielerin 2 mit dem hütchennahen (gezeigt in Abb. 27) oder dem hütchenfernen Fuß gespielt werden (nicht gezeigt).

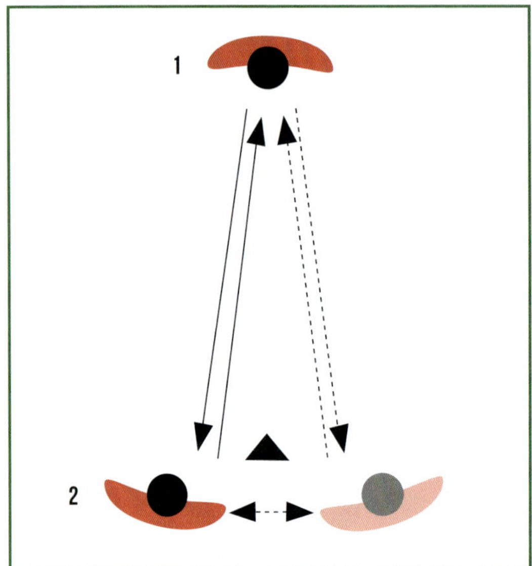

Abb. 27: Training des Klatschballs mit Bewegung einer Spielerin eines Spielerinnenpaars

Eine weitere Steigerung ist in Abb. 28 gezeigt. Hier kommen zwei Hütchen zum Einsatz und beide Spielerinnen führen Querbewegungen hinter dem jeweiligen Hütchen aus. Spielerin 1 lässt den Ball immer gerade, also parallel zu den beiden Hütchen, klatschen, während Spielerin 2 durch eine deutliche Körperdrehung den Ball zwischen den Hütchen hindurchspielt. Der Ball durchläuft also im Grunde eine liegende Acht. Die Rollen werden anschließend getauscht.

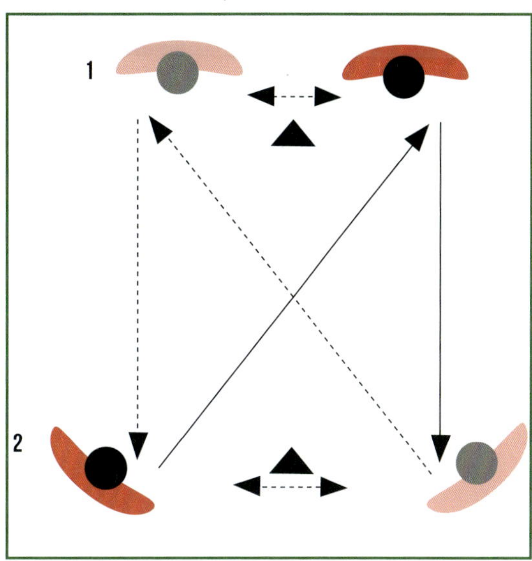

Abb. 28: Training des Klatschballs mit Bewegung beider Spielerinnen eines Spielerinnenpaars

Nach diesen Grundformen kann das direkte Passspiel aus der Bewegung heraus und in größeren Gruppen trainiert werden. Abb. 29 zeigt den prinzipiellen Aufbau. Dieser sollte mit Plättchen statt Hütchen erfolgen, da diese weder den Ball noch die Laufbewegung einschränken. Die Plättchen dienen zur Orientierung, von wo der Ball gespielt werden soll. Die Spielerinnen positionieren sich also mit einigen Metern Abstand zu den Plättchen. Zur besseren Übersicht sind die Plättchen/Hütchen in Abb. 29 nicht dargestellt.

Die Spielerinnen laufen jeweils ihrem Ball hinterher und besetzen die nächste Spielstation. Die erste Station muss deshalb mit mindestens zwei Spielerinnen besetzt sein.

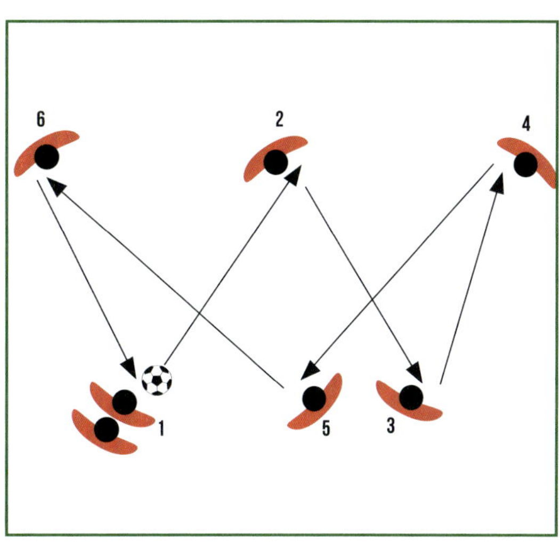

Abb. 29: Training des Klatschballs in der Gruppe und aus der Bewegung (W-Form)

Diese Übung wird umso einfacher, je steiler das W ist. Sind die Plättchenpositionen 6-2-4 und 1-5-3 enger beisammen, so reduziert sich die Körperdrehung, die notwendig ist, um den Ball direkt weiterzuleiten. Je flacher das W wird, umso deutlicher muss die Körperdrehung ausfallen. Die grundsätzliche Idee bleibt hiervon jedoch unberührt, nämlich dass versucht werden soll, den Ball direkt, also als Klatschball, zur nächsten Station weiterzuleiten.

Um die Übung einzuführen, empfiehlt es sich, an allen Stationen zunächst ein Zwei-Kontakt-Spiel einzufordern. Läuft dieses gut, dann sollen die Spielerinnen mit dem direkten Passspiel beginnen. Grundsätzlich hat die Passqualität jedoch oberste Priorität. Sofern ein direkter Pass nicht möglich ist, so muss der Ball mit zwei Kontakten gespielt werden.

Wenn die Spielerinnen mit der Übung vertraut sind, so können zwei Bälle gleichzeitig eingesetzt werden.

In der maximalen Steigerung lösen sich die Spielerinnen 2-3 Meter von den Plättchen und laufen in den Ball hinein. Hierbei fordern sie lautstark den Ball, zeigen mit der Hand an, wohin der Ball gespielt werden soll und lassen ihn dann aus der Bewegung heraus zur nächsten Station klatschen.

Für ein gutes und schnelles Spiel in dieser Übung sind die folgenden Aspekte entscheidend:

- Der Ball wird ausschließlich mit dem Außenfuß gespielt.
- Die Spielerinnen schauen die passgebende Spielerin über die Schulter hinweg an.
- Die Laufbewegung in den Ball geht in Richtung der nächsten Spielerin und
- ist ein direkter Pass nicht möglich, dann wird mit zwei Kontakten gespielt.

Trainingsgrundsatz:

Qualität vor Geschwindigkeit,
die Geschwindigkeit ergibt sich aus der erreichten Qualität!

Eine weitere, sehr schöne Übung für den Klatschball sind Varianten, die sich aus der Diamantform ergeben. Hierbei handelt es sich um ein Plättchenviereck, das von 5-6 Spielerinnen bespielt wird (Abb. 30a und b). Die Plättchen sind in der Zeichnung aus Gründen der Übersichtlichkeit nicht dargestellt. Auch wird nur eine Spielrichtung vorgestellt. Die Übungen sollten jedoch in beide Richtungen durchgeführt werden.

In dieser Übungsform läuft jede Spielerin ihrem Pass hinterher. Also von Position 1 auf 2, von 2 auf 3, von 3 auf 4 und von 4 auf 1, etc. Spielerin 1 passt auf Spielerin 2. Diese steht aufgedreht und lässt über den Außenfuß auf Spielerin 3 klatschen. Spielerin 3 steht ebenfalls aufgedreht und lässt auf 4 klatschen (Abb. 30a). Spielerin 4 klatscht nun auf Position 2. Von hier geht es erneut zu Position 3 und dann zurück zu Position 1 (Abb. 30b). Der Ball durchläuft somit kontinuierlich und ohne Pause eine liegende Acht.

Entscheidend ist, dass die Spielerinnen konzentriert den Lauf des Balls verfolgen, um an den Positionen 2 bzw. 3 zu wissen, ob der Ball nun nach außen, also auf Position 1 oder 4, oder in die Mitte, also auf Position 3 bzw. 2, gespielt werden soll. Ferner ist es von fundamentaler Bedeutung, dass die Spielerinnen aufgedreht stehen, um den Ball mit dem jeweiligen Außenfuß passen zu können.

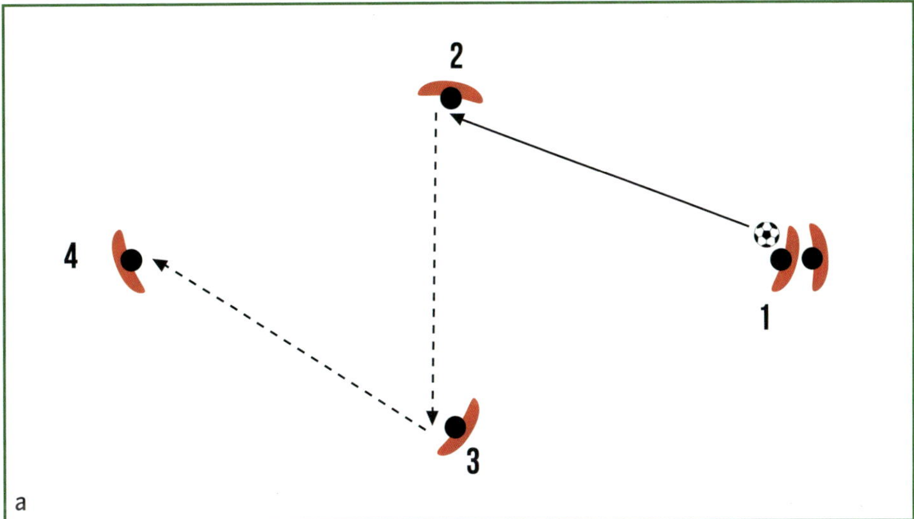

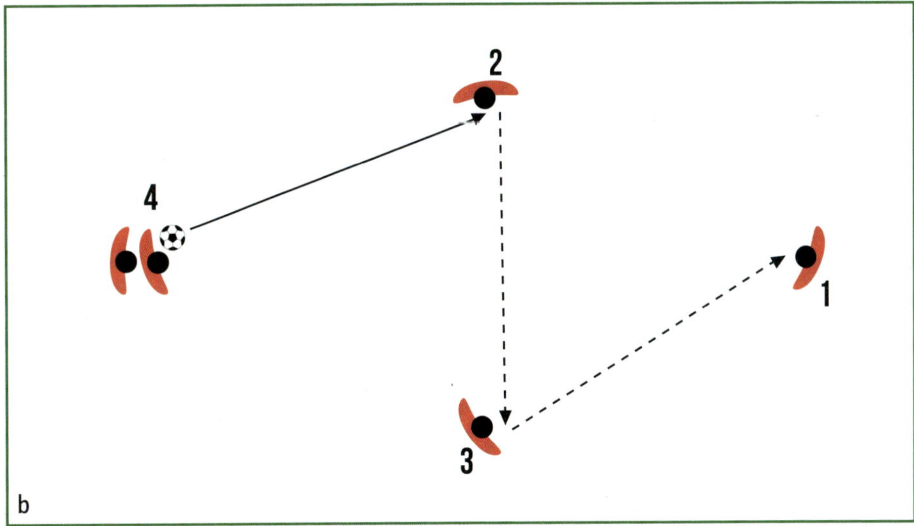

Abb. 30a und b: Diamantform – Variante 1

Abb. 31a und b zeigen den Ablauf einer zweiten Variante der Diamantform. Die wesentlichen Unterschiede zur ersten Variante sind, dass die Spielerinnen NICHT dem Ball hinterherlaufen, sondern im Kreis, also von Position 1 zu Position 2 zu Position 4 zu Position 3 und zurück zu Position 1 und dass es immer zu einem Rückpass zwischen Position 2 und Position 3 oder umgekehrt kommt.

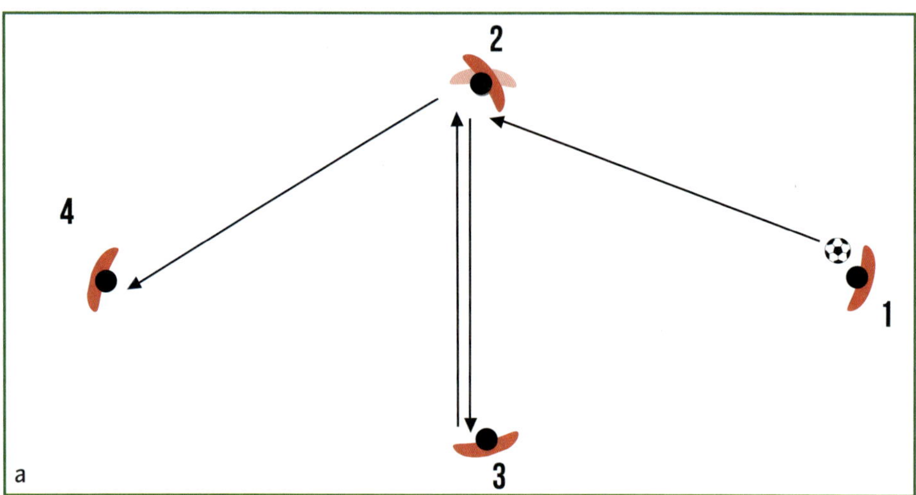

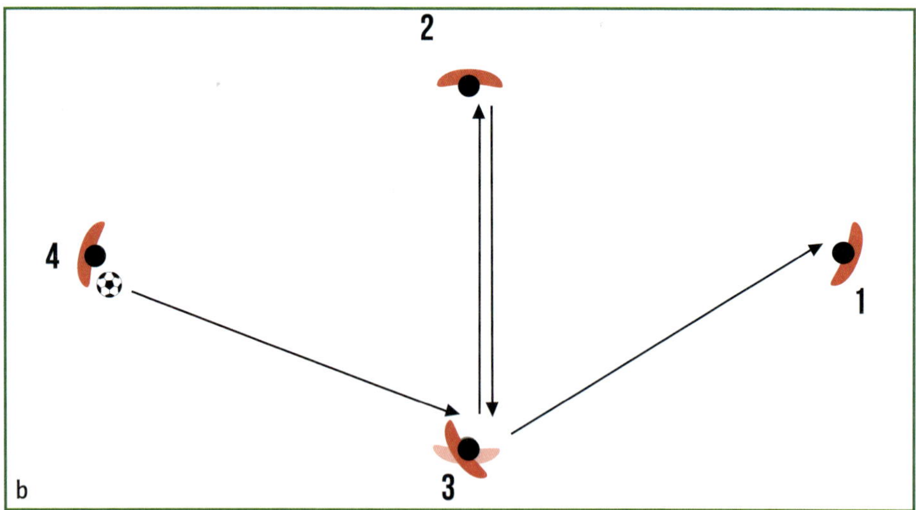

Abb. 31a und b: Diamantform – Variante 2

Spielerin 1 passt auf Position 2, die den Ball auf Position 3 klatschen lässt (Abb. 31a). Von Position 3 wird der Ball zu Position 2 zurückgespielt. Von hier geht er nun zu Position 4, die den Ball auf Position 3 klatschen lässt (Abb. 31b). Von Position 3 geht der Ball zu Position 2, zurück zu Position 3 und dann auf Position 1 (Abb. 31b). Die Doppelaktion auf den Positionen 2 und 3 wird natürlich durch die gleiche Spielerin vollzogen. Erst dann findet der Positionswechsel statt.

Entscheidend für den Erfolg dieser Übung ist, dass die Spielerinnen auf den Positionen 2 und 3 eine deutliche Körperdrehung durchführen, um den Ball bei der zweiten Klatschaktion nach außen, also auf die Positionen 1 bzw. 4, klatschen zu können. Auch diese Übung in beide Richtungen trainieren.

Eine etwas komplexere Trainingsform für das direkte Passspiel ist eine Variante der hinlänglich bekannten Y-Form (Abb. 32). Diese Übung erfordert mehr Konzentration, da die Spielerinnen nicht mehr einfach dem Ball hinterherlaufen, sondern sich die Ball- und Laufwege unterscheiden. Ferner gibt es Doppelaktionen, bei denen Spielerinnen mehrere Ballaktionen hintereinander haben. Auch diese Passform sollte mit Plättchen aufgebaut werden (in Abb. 32 nicht dargestellt), da diese weder den Ball noch die Spielerin in ihrer Bewegung einschränken.

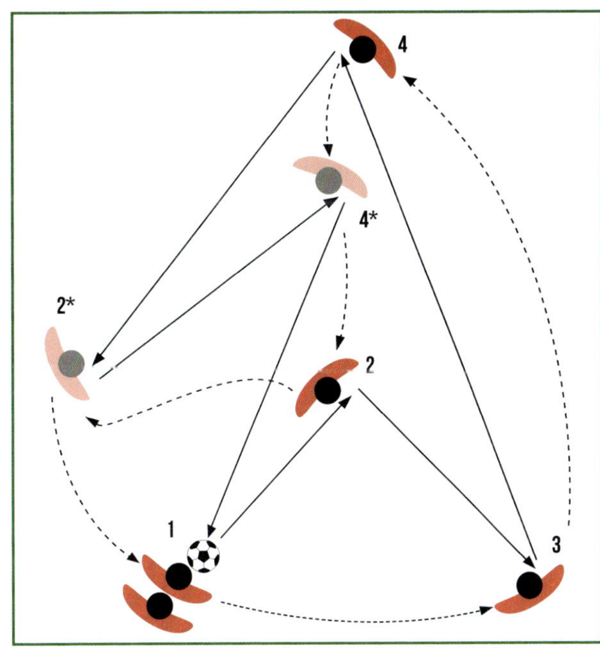

Abb. 32: Variante der Y-Form für das Training des Klatschballs in der Gruppe und aus der Bewegung. Die vollen Pfeile zeigen den Laufweg des Balls an, die gestrichelten Linien die Laufbewegung der Spielerinnen.

Die Positionen 1, 2, 3 und 4 sind zu Beginn der Übung besetzt, Position 1 mindestens doppelt. Die Positionen 2* und 4* werden erst während der Übung durch Laufbewegungen der Spielerinnen an Position 2 bzw. 4 besetzt. Die Laufbewegungen sind durch gestrichelte Pfeile dargestellt (von 1 zu 3 zu 4 zu 4* zu 2 zu 2* zu 1).

Die Bewegung des Balls ist durch durchgezogene Pfeile vorgegeben (von 1 zu 2 zu 3 zu 4 zu 2* zu 4* zu 1).

Der Ablauf sieht wie folgt aus: Die Positionen 1, 2, 3 und 4 sind, wie oben beschrieben, besetzt. Spielerin 1 rollt den Ball als Auftaktbewegung mit der Sohle an und passt aus der Bewegung zu Spielerin 2. Diese lässt den Ball auf Spielerin 3 klatschen und bewegt sich sofort in Richtung Position 2*. Es ist hierbei entscheidend, dass diese Spielerin während der Bewegung von 2 zu 2* den Ball im Blick behält, um auf die Spielsituation reagieren zu können. Eine Laufbewegung ohne Blickkontakt zum Ball muss durch entsprechendes Coaching unterbunden werden. Spielerin 3 passt nun den Ball auf Spielerin 4. Dieser Pass in die Tiefe kann, je nach Entfernung, als Klatschball oder auch als scharfer Pass mit zwei Kontakten durchgeführt werden. Spielerin 4 lässt nun den Ball auf Spielerin 2* klatschen, bekommt den Ball bei Position 4* zurück und leitet ihn direkt zu Position 1 weiter. Auch von hier bekommt Spielerin 4 einen erneuten Klatschball zurück in Richtung Position 2, von wo der Ball in Richtung Position 3 geklatscht wird.

Die Spielerinnen der Positionen 2/4 haben somit mehrere aufeinanderfolgende Aktionen.

In der in Abb. 32 gezeigten Übung weicht die Spielerin von Position 2 nach links aus. Es empfiehlt sich, diese Übung auch spiegelsymmetrisch durchzuführen, bei der die Querbewegung der Spielerin von Position 2 nach rechts stattfindet. Auf diese Weise werden die jeweiligen Klatschaktionen mit dem rechten wie auch mit dem linken Fuß trainiert.

Auch hier gelten die schon in Bezug auf die oben beschriebene Übung in Abb. 29 gemachten Grundsätze.

- Der Ball wird ausschließlich mit dem Außenfuß gespielt.
- Die Spielerinnen schauen die passgebende Spielerin über die Schulter hinweg an.
- Die Laufbewegung in den Ball geht in Richtung der nächsten Spielerin und
- ist ein direkter Pass nicht möglich, dann wird mit zwei Kontakten gespielt.

Auch hier gilt der schon genannte **Trainingsgrundsatz**:

Qualität vor Geschwindigkeit,
die Geschwindigkeit ergibt sich aus der erreichten Qualität!

In der in Abb. 33a und 33b gezeigten Passform geht es um Klatschbälle aus der Bewegung und um die Beobachtung der Mitspielerinnen. Timing ist hier von großer Bedeutung. Auch diese Übung wird wieder mit Plättchen aufgebaut (an den Stationen 1-4; in den Abb. 33a und b nicht dargestellt). Es gibt vier Außenpositionen (1-4), die mit Spielerinnen besetzt werden.

Die Spielerin an Position 1 macht eine Auftaktbewegung und spielt einen scharfen Pass auf die Spielerin an Position 2 (Abb. 33a). Diese geht dem Ball entgegen, dreht den Körper und lässt den Ball ins Zentrum klatschen. Gleichzeitig mit dem tiefen Pass von Position 1 auf Position 2 startet eine Spielerin von Position 4 ins Zentrum, empfängt den Klatschball von Position 2 und lässt diesen auf Position 3 klatschen. Anschließend bewegt sich diese Spielerin aus dem Zentrum heraus auf Position 1, während die Spielerin von Position 1 ihrem Ball hinterher zu Position 2 läuft.

Die Spielerin von Position 2 bleibt nach ihrer Klatschaktion auf ihrer Position (wichtig!). Nun beginnt die gegenläufige Bewegung (Abb. 33b). Die Spielerin von Position 3 geht dem aus dem Zentrum kommenden Ball entgegen und spielt den scharfen Pass aus der Bewegung auf die Spielerin von Position 4. Diese lässt den Ball ins Zentrum klatschen. Gleichzeitig mit dem tiefen Ball von Position 3 auf Position 4 startet die Spielerin von Position 2 (diese hat zuvor den Ball ins Zentrum geklatscht!) ihrerseits ins Zentrum und klatscht den Ball aus dem Zentrum auf Position 1 und bewegt sich in Richtung Position 3, während die Spielerin von Position 3 ihrem Ball hinterher zu Position 4 läuft.

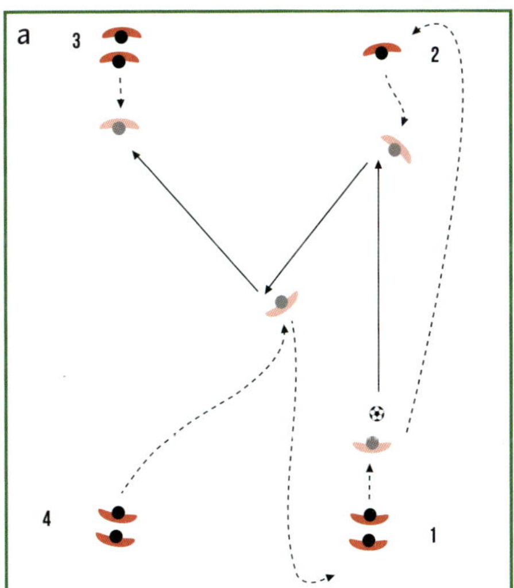

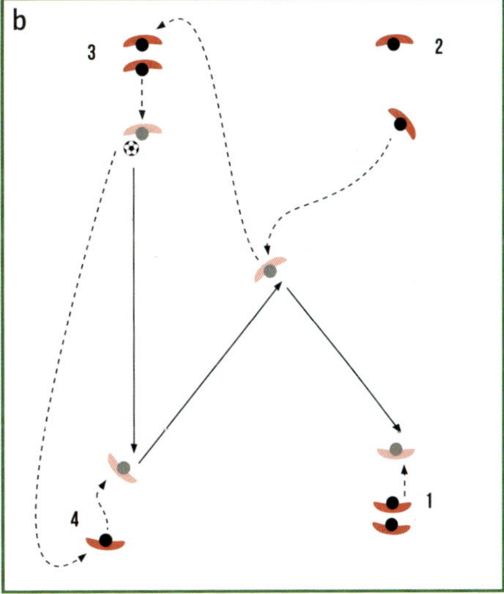

Abb. 33a und b: Trainingsform für den Klatschball in der Gruppe und aus der Bewegung. Die vollen Pfeile zeigen den Laufweg des Balls an, die gestrichelten Linien die Laufbewegung der Spielerinnen. Abb. 33a zeigt den ersten Teil der Übung, Abb. 33b den zweiten Teil.

Die Spielerinnen an den Positionen 2 und 4 haben somit immer Doppelaktionen. Hierauf zu achten ist besonders wichtig, da ansonsten der Rundlauf nicht funktioniert. Diese Übung sollte in beiden Richtungen durchgeführt werden, um die Beidfüßigkeit zu trainieren.

Weitere Trainingsformen für den Klatschball sind in Kap. 3.10 beschrieben.

3.4 DAS SCHLAGEN VON FLUGBÄLLEN

Das Schlagen und Verarbeiten hoher Bälle stellt für viele Mädchen und Frauen eine besondere Herausforderung dar und bedarf deshalb eines gezielten Trainings. Nachfolgend werden grundlegende Techniken für das Schlagen von Flugbällen und deren Verarbeitung im Sinne einer kontrollierten Annahme gezeigt.

Die hier beschriebenen Techniken sind leicht erlernbar, sodass schnell Fortschritte erzielt werden können. Auf dieser Grundlage können anschließend komplexere Techniken erlernt werden, die jedoch über den Rahmen dieses Buchs hinausgehen. Das Internet und Social-Media-Kanäle wie Instagram® bieten hierfür eine Vielzahl an weiterführenden Erklärvideos an.

3.4.1 DER GERADE FLUGBALL

Das Schlagen von Flugbällen sollte bereits ab der U11 Teil des Trainings sein, da der erfolgreiche Flugball keine Frage der Kraft, sondern vielmehr eine Frage von Technik und Koordination ist.

Selbst wenn es den Spielerinnen einer Mannschaft noch Schwierigkeiten bereitet, Flugbälle sicher zu verarbeiten, so stellen diese in jedem Fall ein wichtiges taktisches Element dar. Flugbälle können genutzt werden, um Konter einzuleiten oder auch kritische Situationen vor dem eigenen Tor zu klären. Ebenso stellen Flugbälle, selbst in einer U11, eine gute Möglichkeit dar, auch aus der Distanz Tore zu erzielen. Selbstverständlich werden sie auch bereits in diesem Alter bei der Ausführung von Eckbällen und Freistößen eingesetzt. Ferner ist der Flugball ein wesentliches Element des Torwartspiels, nämlich als Alternative zum flachen Ausspielen beim Abstoß.

Das Ziel der hier beschriebenen Technik ist es, einen geraden Flugball zu schlagen, der deutlich über Kopfhöhe der jeweiligen Mannschaft steigt und eine möglichst große Reichweite erzielt. Veränderungen dieser Grundtechnik, die zu einem Kurvenflug des Balls führen („Bananenflanke"), werden im nächsten Kapitel kurz angerissen.

Training

Das Training wird am besten in Kleingruppen von 3-5 Spielerinnen durchgeführt, sodass jede Spielerin genau beobachtet und ihre Bewegung korrigiert werden kann. Vorzugsweise sollte das Training an einem hohen Zaun oder vor den Toren durchgeführt werden, sodass die geschlagenen Bälle schnell eingesammelt werden können und die Übung erneut durchgeführt werden kann.

Der Abstand zum Zaun/Tor sollte zunächst etwa 5-6 Meter betragen. Zur Beobachtung für den Trainer bietet sich eine Position seitlich oder hinter der Spielerin an. Auf diese Weise lassen sich entscheidende Elemente wie der Anlauf, die Fußhaltung, der Durchschwung ebenso wie der Treffpunkt auf dem Ball gut beobachten.

Anlauf

Im ersten Schritt geht es darum, dass die Spielerin ein Gefühl für den Abstand zum Ball findet und die grundlegende Schwungbewegung erlernt. Der Anlauf wird deshalb bewusst kurz gehalten. Die Spielerin platziert den Ball auf die gewünschte Position etwa 5-6 Meter vor dem gewählten Flughindernis (Zaun oder Tor). Die gerade Linie vom Ball zum Zaun stellt die gewünschte Flugrichtung des Balls dar.

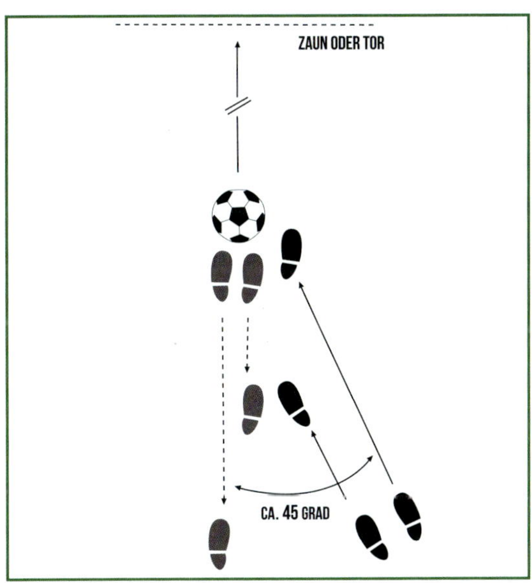

Abb. 34: Anlauf (für einen Linksfuß) für das Schlagen eines Flugballs

Ausgehend vom ruhenden Ball, geht die Spielerin nun zwei Schritte rückwärts (Abb. 34, grau; Abb. 35a-d) und einen deutlichen Schritt zur Seite (in Richtung des schwächeren Fußes). Die gewünschte Flugrichtung des Balls und die Anlaufrichtung der Spielerin zum Ball bilden jetzt einen Winkel von etwa 45 Grad (Abb. 34).

Von dieser Position sollte die Spielerin nun mit zwei dynamischen Schritten (Abb. 34, schwarz) das Standbein, wie gezeigt, neben und knapp hinter den Ball stellen können (Abb. 35a und b).

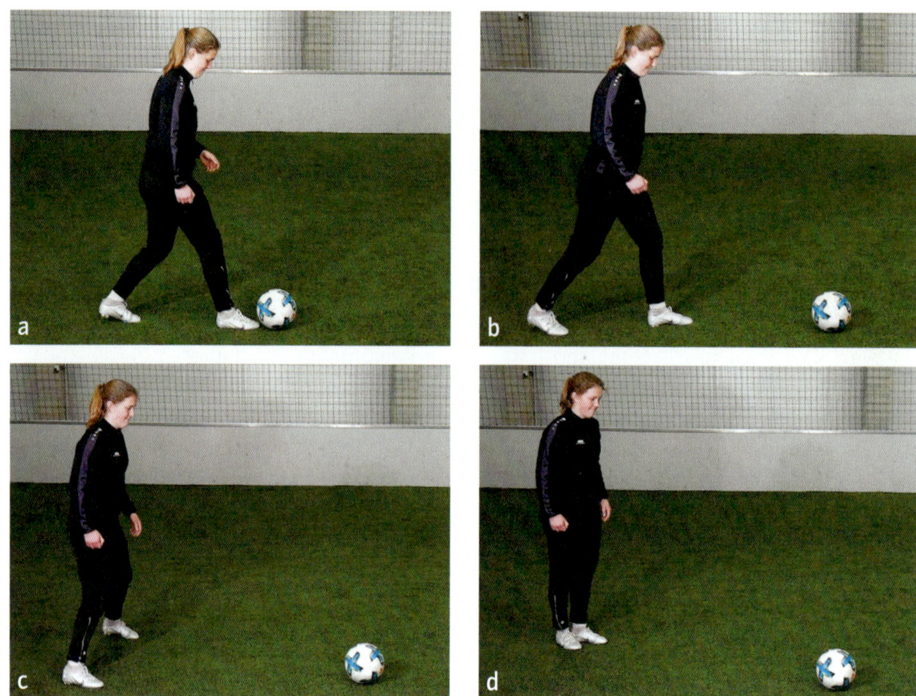

Abb. 35a-d: Anlauf beim Flugball

Trefferfläche am Ball und Kontaktfläche am Fuß

Der Ball wird mittig und möglichst tief getroffen (Abb. 36). Die Kontaktfläche am Fuß liegt auf der Innenseite und dem Spann des Fußes, in etwa zwischen dem Zehengrundgelenk und der Schnürung des Schuhs (Abb. 37).

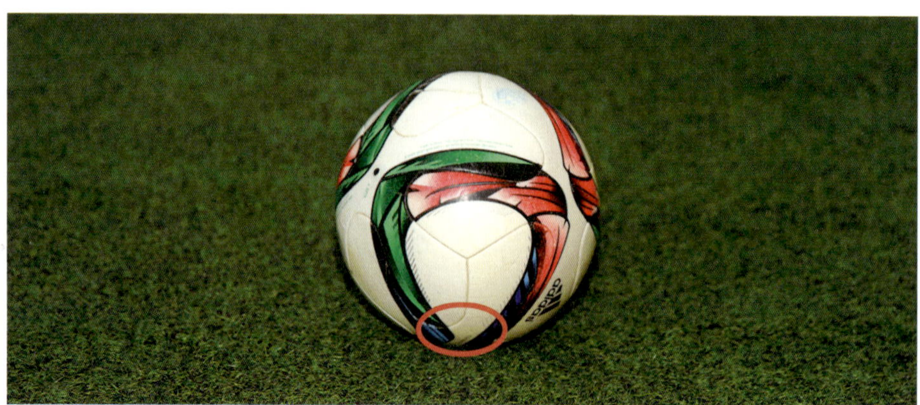

Abb. 36: Trefferfläche am Ball für den Flugball

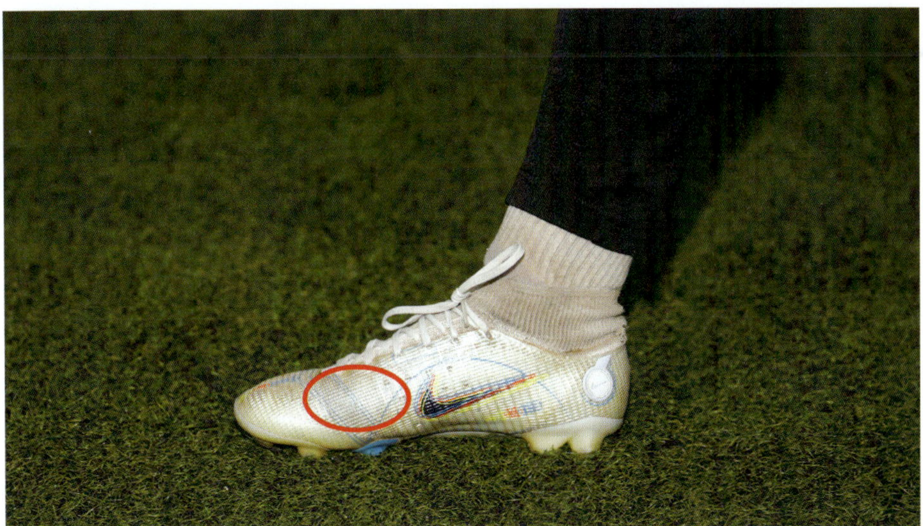

Abb. 37: Trefferfläche am Schuh für den Flugball

Körperhaltung und Durchschwung des Beins

Im Moment des Ballkontakts ist der Körper relativ aufrecht, vorzugsweise leicht zurückgelehnt.

Das Schwungbein ist nahezu vollständig gestreckt, wenn der Ball getroffen wird (Abb. 39a-c). Nachdem der Fuß des Schwungbeins den Ball getroffen hat, wird der Schwung durch einen kleinen Schritt nach vorne, wobei die Fußachse des Standbeins leicht gekreuzt wird (Kreuzschritt), aufgefangen und die Bewegung beendet (Abb. 38a und b; 39d).

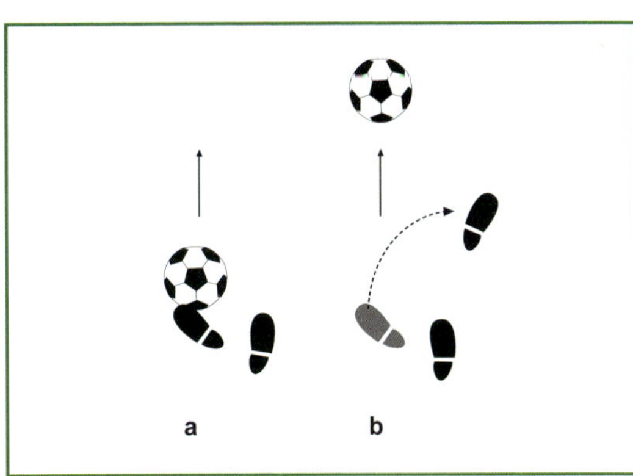

Abb. 38a und b: Treffen des Balls (für einen Linksfuß) und Durchschwung des Schwungbeins

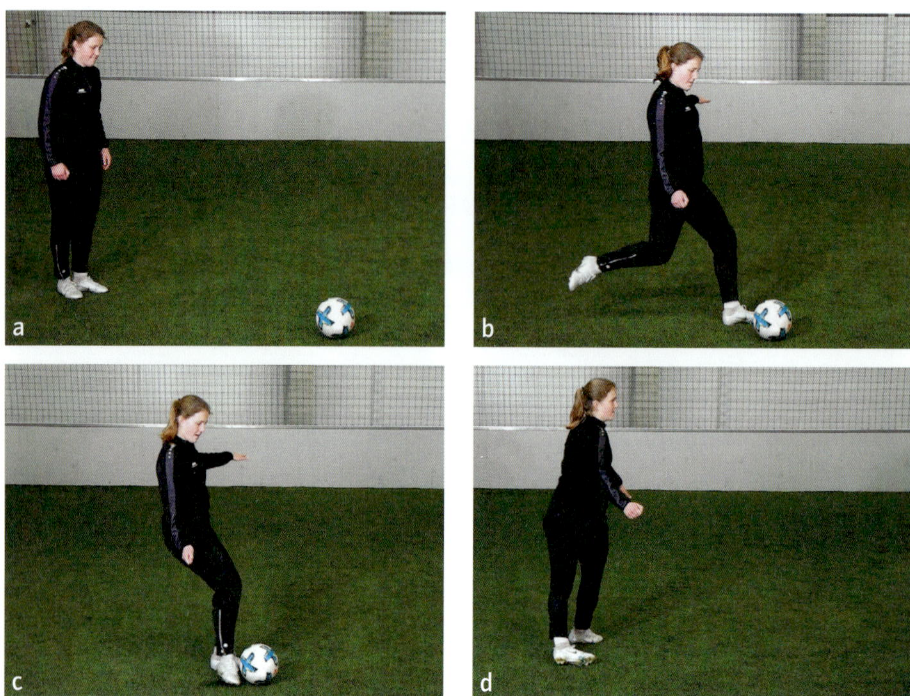

Abb. 39a-d: Schlagen eines Flugballs

Trifft man den Ball gut, so steigt dieser auf einer geraden Flugbahn steil an. Der Ball dreht sich nur wenig oder auch gar nicht.

Entscheidend für den geraden Flugball mit dieser recht simplen Technik ist das mittige Treffen des Balls an einer möglichst tiefen Stelle, gefolgt von dem beschriebenen kurzen Kreuzschritt des Schwungbeins.

Es ist wichtig, den Spielerinnen immer wieder die Grundbewegung vorzumachen und zu verdeutlichen, dass es nicht die Kraft, sondern die Technik ist, die zum erfolgreichen Flugball führt.

Ferner sollten die Spielerinnen aufgefordert werden, der Flugkurve des Balls zunächst wenig Beachtung zu schenken, sondern sich auf den Anlauf und das Treffen des Balls zu konzentrieren.

Der verständliche Wunsch, Flughöhe zu erreichen, ist häufig die Ursache für ein Verkrampfen und technische Unsauberkeiten, was das Erlernen der Technik erschwert. Hieraus ergibt sich der **Trainingsgrundsatz**:

Präzision in der Bewegung ist wichtiger als Flughöhe und Flugweite!

Selbstverständlich sollten Flugbällen mit beiden Füßen trainiert werden.

3.4.2 FEHLERBILDER BEIM SCHLAGEN VON FLUGBÄLLEN

Durch die Beobachtung der Spielerinnen von der Seite wie auch von hinten sind technische Fehler meist gut erkennbar. Ferner lässt sich auch aus der Flugbahn des Balls und aus dessen Rotation gut ablesen, wie der Ball getroffen wurde.

- **Rückwärtsrotation des Balls**

  Diese Rotation führt zu einem besonders steilen Aufsteigen und einem ebenso steilen „Herunterfallen" des Balls. Ursächlich für diese Rotation ist, dass der Ball sehr weit vorne mit der Fußspitze getroffen und diese, gewissermaßen, unter dem Ball durchgezogen wird.

  Abhilfe: Korrektur der Trefferfläche am Fuß.

  Alternativ kann diese Flugkurve auch dadurch entstehen, dass der Ball (meist aus dem Knie und häufig mit dem Spann) „gelöffelt" wird.

  Abhilfe: Das Schwungbein und der Fuß sollten bei der Ballberührung nahezu gestreckt sein. Eventuell ist der Anlaufwinkel zu klein und sollte auf etwa 45 Grad korrigiert werden.

- **Innenrotation des Balls (Bananenflanke)**

  In diesem Fall wird der Ball zu weit außen getroffen, eventuell kombiniert mit einem langen Durchschwung des Schwungbeins anstelle des beschriebenen kurzen Kreuzschritts.

  Der Anlaufwinkel liegt eventuell deutlich über 45 Grad (der Seitschritt beim Anlauf ist zu groß) und muss verkleinert werden.

  Das Standbein wird zu nah am Ball platziert, sodass ein Treffen des Balls in der Ballmitte nicht möglich ist.

  Abhilfe: Korrektur der Trefferfläche am Ball (zentraler), kurzer Durchschwung mit kleinem Kreuzschritt (siehe oben), Korrektur des Anlaufwinkels, Korrektur der Position des Standbeins.

- **Außenrotation des Balls**

  Diese Rotation ist selten zu beobachten. Ursächlich ist meist, dass der Ball zu weit innen und eventuell auch mit dem Spann getroffen wird.

  Abhilfe: Korrektur der Trefferfläche am Ball, Korrektur der Trefferfläche am Fuß, Korrektur der Position des Standbeins.

- **Der Ball steigt nicht**

  Der Oberkörper wird nach vorne gebeugt. Dies kann die Bewegung des Schwungbeins stark einschränken, sodass der Ball nur schlecht getroffen und auch nur wenig Energie auf den Ball übertragen wird (Beobachtung von der Seite!).

  Das Standbein wird zu weit weg vom Ball platziert sein, sodass der Ball nicht mehr an seiner Unterseite, sondern eher mittig getroffen wird (Beobachtung von der Seite!).

  Abhilfe: Alle Elemente der Technik prüfen - Anlaufdistanz, Anlaufwinkel, Auftreffpunkt am Ball, Durchschwung.

Steigerung des Trainings

Sobald die Spielerinnen erste Flugbälle schlagen können, wird das Training gesteigert. Dies sollte die Flugbahn ebenso wie die Gesamtdynamik des Schlagens der Flugbälle betreffen.

- Die Flugbahn des Balls kann durch Stangen eingeschränkt werden, um die Genauigkeit der Flugrichtung zu trainieren.
- Höhenmarkierungen, beispielsweise durch Laibchen, können am Zaun/Tornetz angebracht werden, um das Steuern der Flughöhe zu trainieren.

Kleine Wettbewerbe, bei denen besonders gerade und/oder besonders hohe Flugbälle belohnt werden, lockern das Training auf und steigern die Motivation der Spielerinnen.

Im nächsten Schritt beginnt man, Flugbälle aus der Bewegung heraus zu üben. Hierzu wird der Ball einige Male angeschoben (kleiner Hütchenparcours), dann mit dem Außenriss zur Seite gelegt und der Flugball geschlagen. Hierbei ändert sich die Technik nicht, bezüglich Anlaufwinkel, Trefferfläche auf dem Ball, Kontaktfläche am Fuß, Durchschwung etc.

3.4.3 DER WEG ZUR „BANANENFLANKE"

Ausgehend von der oben beschriebenen Technik, ist es nur ein kleiner Schritt zur „Bananenflanke", also zu einem Flugball mit Kurvenbewegung. Um diese Bälle schlagen zu können, wird der Anlaufwinkel durch Vergrößerung des Seitschritts im Anlauf allmählich bis auf maximal 90 Grad erhöht.

Ferner verändert sich das Durchschwingen des Schwungbeins. Statt eines kleinen Kreuzschritts wird nun das Schwungbein weiter durchgeschwungen. Auf diese Weise bleibt der das Schwungbein länger in Kontakt mit dem Ball, wodurch dem Ball mehr Rotation für eine gebogene Flugbahn mitgegeben werden kann. - Und nun heißt es üben, üben, üben . . .

3.5 DAS VERARBEITEN VON FLUGBÄLLEN – ANNAHME MIT DEM OBERKÖRPER

Das Verarbeiten hoher Bälle stellt für die allermeisten Mädchen und Frauen eine große technische Hürde dar. Fast alle Spielerinnen sind bereit, einen Flugball mit dem Fuß direkt aus der Luft anzunehmen. Die wenigsten Spielerinnen jedoch beherrschen, insbesondere in den unteren Jahrgängen, die Fußannahme in einer Weise, dass sie den Ball sofort kontrollieren könnten. Meist verspringt der Ball und kann erst nach weiteren Bemühungen gesichert werden.

Die einfachste Art, hohe Bälle sicher anzunehmen, geschieht unter Einsatz von weichen Körperstellen, wie mit dem Oberschenkel, dem Bauch und dem Oberkörper. Letzteres wird nachfolgend beschrieben.

Die Annahme mit dem Oberkörper ist vielfältig einsetzbar und erlaubt eine sichere Verarbeitung von weiten und harten Bällen wie Ab- und Freistößen. Da hierfür etwas Mut und eine gute Ball-Körper-Koordination notwendig ist, sollte das Training dieser Technik bereits in der U11 zum Standardrepertoire gehören. Nur wenige Einheiten genügen, um deutliche Fortschritte zu erzielen.

Vorbereitung des Trainings – Angstabbau

Entscheidend für die Akzeptanz dieser Technik ist ein systematischer Abbau der Angst, dass die Ballannahme mit dem Oberkörper wehtun könnte. Dieser Furcht kann bereits im Vorfeld entgegengewirkt werden.

- Die Spielerinnen sollten keine Halsketten oder Ähnliches tragen.
- Jacken mit Reißverschluss oder Kordeln im Bereich der Trefferfläche des Oberkörpers sollten nicht getragen werden, da diese zu schmerzhaften Druckstellen führen können.
- Zumindest in den ersten Einheiten beim Erlernen dieser Technik und ganz besonders bei jüngeren Mannschaften kann man auf leichtere Bälle als den Standardball für die jeweilige Mannschaft zurückzugreifen. Eine U15 würde also mit einem U13-Ball (circa 350 Gramm statt circa 450 Gramm) und eine U13 mit einem U11-Ball (circa 290 Gramm statt circa 350 Gramm) diese Technik erlernen.
- Für junge Jahrgänge, U9, U11 und eventuell U13, sollten, zumindest in den ersten Einheiten, die Bälle durch die Trainer angeworfen werden. Als Trainer ist man besser in der Lage, Kraft, Flughöhe und Flugstrecke des Balls zu kontrollieren und dies an die jeweilige Spielerin anzupassen.

Anwerfen

Das wichtigste Ziel in den ersten Einheiten ist es, den Spielerinnen die Angst zu nehmen, die Trefferfläche auf dem Oberkörper zu verdeutlichen und die Ball-Körper-Koordination für die kontrollierte Annahme mit dem Oberkörper zu schulen.

Die Trefferfläche liegt zentral unter dem Kinn auf dem Brustbein (Abb. 40).

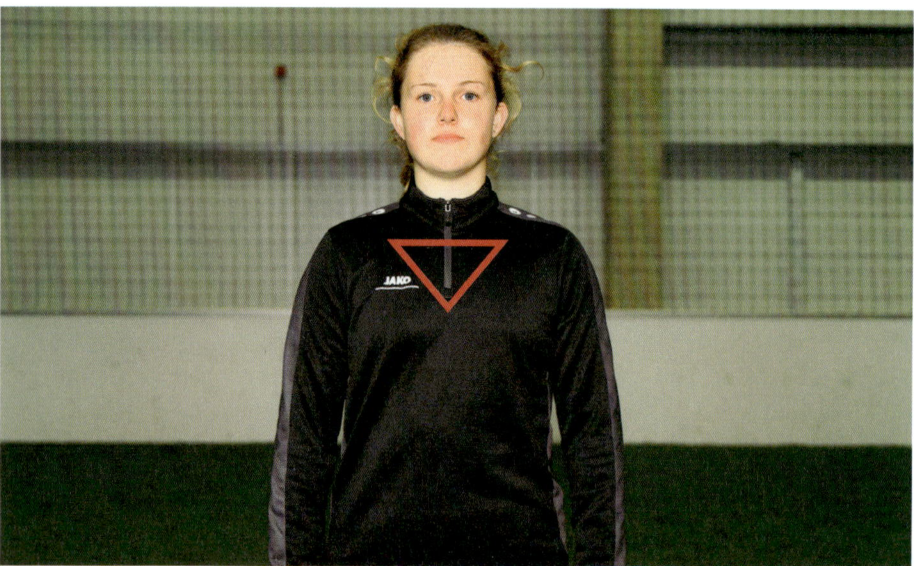

Abb. 40: Trefferfläche für die Oberkörperannahme von hohen Bällen

Es empfiehlt sich, in den ersten Einheiten mit einem kleinen Abstand von etwa zwei Metern zu beginnen und je nach Entwicklung die Anwerfdistanz allmählich zu steigern.

Grundsätzlich sollte der Ball zunächst von unten angeworfen werden, da auf diese Weise die Flugkurve besonders gut gesteuert werden kann. Es ist somit möglich, den Ball recht zielgenau auf der Trefferfläche zu platzieren, um die Komplexität der Ball-Körper-Koordination für die Spielerin auf ein Minimum zu reduzieren.

Körper- und Armhaltung

Man kann bei der Ballannahme mit dem Oberkörper zwei mögliche Körperhaltungen einnehmen.

Die erste Möglichkeit ist durch ein leichtes Zurücklehnen des Oberkörpers gekennzeichnet. Die Füße stehen in etwa parallel zueinander (Abb. 41).

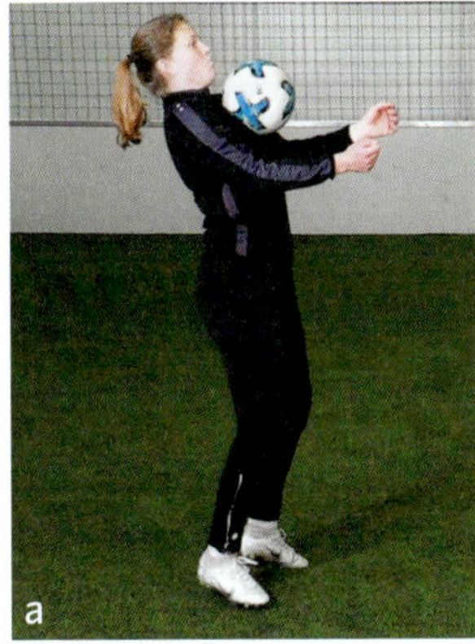

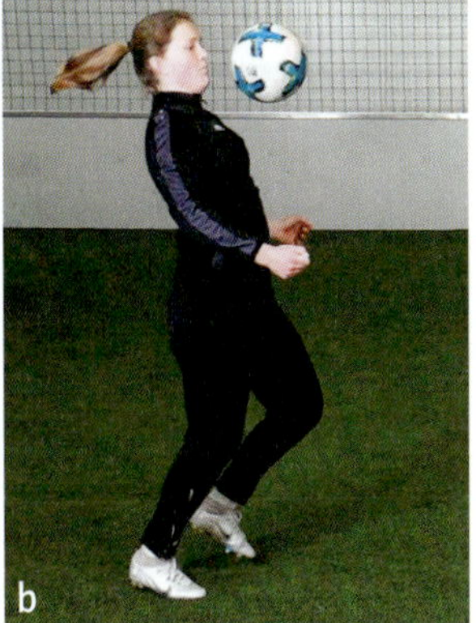

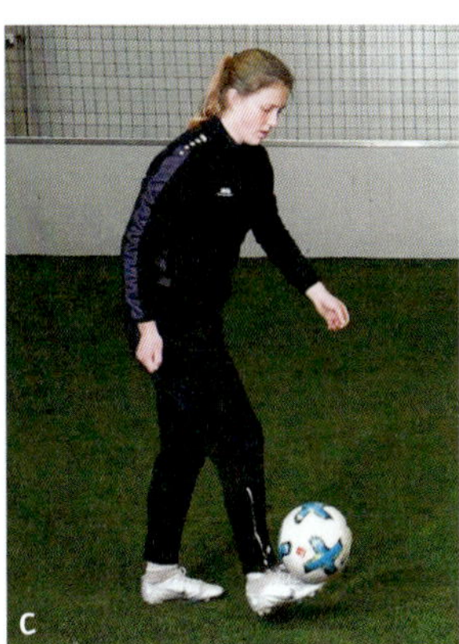

Abb. 41a-c: Ballannahme mit dem Oberkörper, der Ball fällt zwischen die Füße.

Mit dieser Körperhaltung wird die Energie des Balls durch den Oberkörper und die gebeugten Knie abgefedert, der Ball springt eventuell leicht nach oben ab und fällt dann zwischen die Füße, wo er nun mit dem Fuß kontrolliert werden kann. Diese Technik erlaubt eine sehr enge Ballkontrolle am Körper und ein gutes Abschirmen vor dem gegnerischen Zugriff, insbesondere durch Zuhilfenahme seitlich ausgestreckter Arme.

Bei der zweiten Möglichkeit geht der Oberkörper dem Ball eher entgegen und lehnt sich etwas nach vorne. Die Füße stehen hierbei meist nicht parallel, sondern in Schrittstellung. Der Ball wird ebenfalls mit dem Oberkörper abgefedert, fällt jedoch nach vorne auf den Boden und kann direkt in den Lauf mitgenommen werden. Die Gesamtbewegung ist somit dynamisch und durch ein direktes Anschieben gekennzeichnet (Abb. 42).

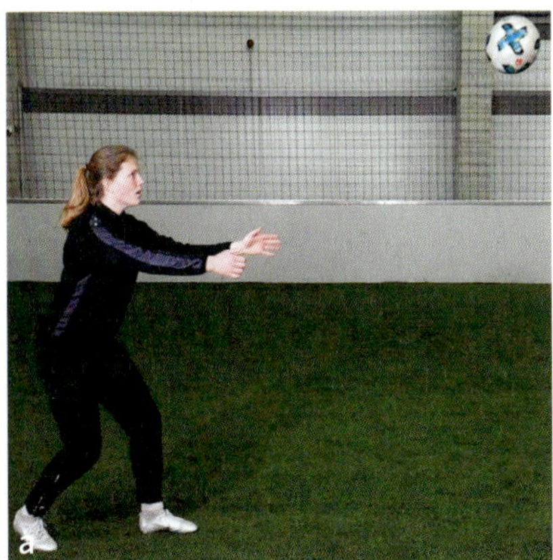

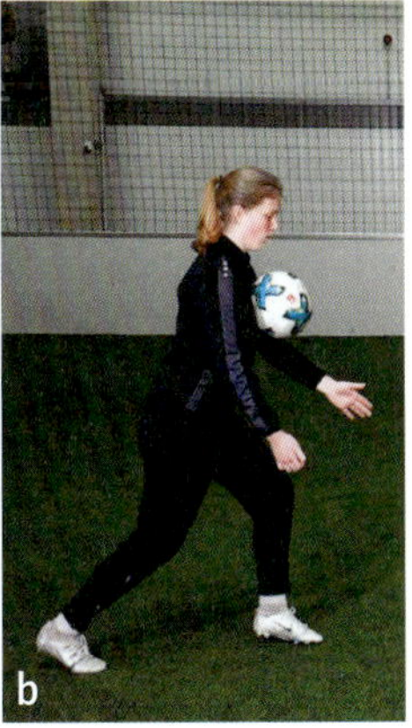

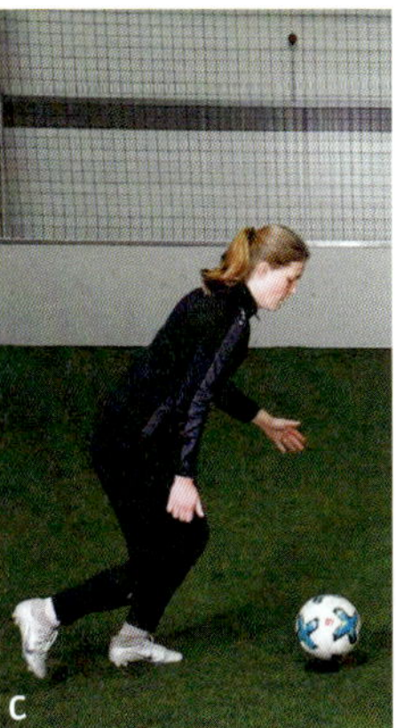

Abb. 42a-c: Ballannahme mit dem Oberkörper, der Ball fällt nach vorne und nach unten.

Beim Erlernen der Oberkörperannahme sollten die Arme idealerweise nah beim Körper bleiben. Eine Hilfe kann dadurch gewährt werden, dass man die Spielerinnen auffordert, die Arme eng am Körper anzulegen und etwas nach vorne zu führen (Abb. 43).

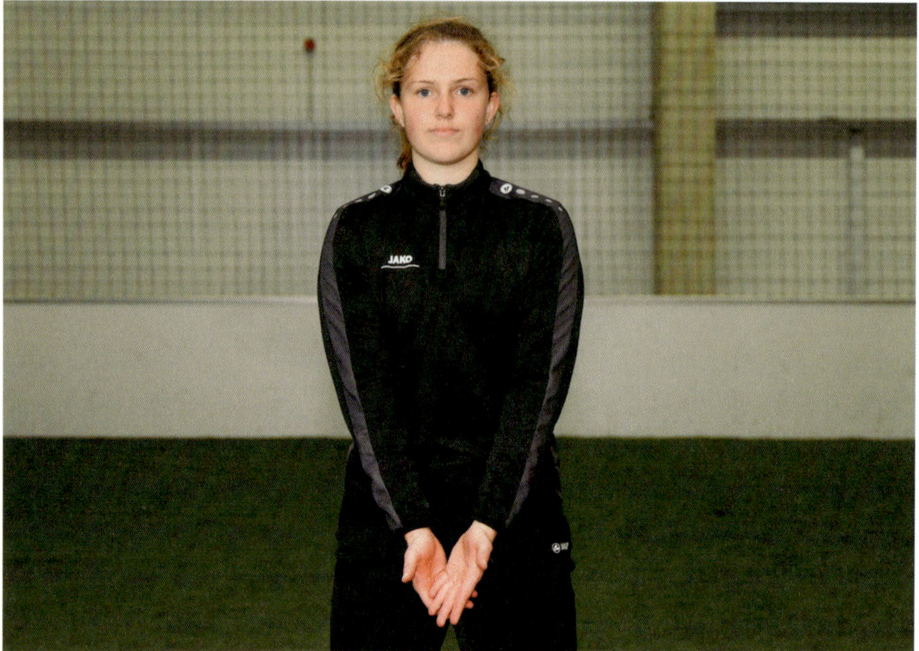

Abb. 43: Unterstützung der Ballannahme durch den Oberkörper durch angelegte Arme

Auf diese Weise wird die Brustmuskulatur angespannt, was hilft, den Ball auf dem Oberkörper weicher abzufedern. Auch kann man die Spielerin auffordern, beim Ballkontakt intensiv auszuatmen. Auch dies hilft, den Oberkörper weich und rund zu machen.

Steigerungen

Sobald die beschriebenen Grundübungen sicher beherrscht werden, beginnt man, die Schwierigkeit zu steigern. Hierzu gehören:

- Der Übergang vom Anwerfen von unten zum Anwerfen von oben (Einwurf). Grundsätzlich ist es leichter, Bälle mit einer höheren Flugkurve anzunehmen als mit einer flachen. Folglich sollte auch in dieser Weise die Schwierigkeit gesteigert werden.
- Das schrittweise Erhöhen des Abstands beim Anwerfen bis hin zu simulierten Einwürfen von Mitspielerinnen und auch Abwürfen vom Torwart.

- Das Einführen von Paarübungen unter den Spielerinnen.
- Variation der Flugstrecke, damit die Spielerin sich zum Ball bewegen muss.
- Ballannahme mit (teilaktivem) Gegner im Rücken. Ziel ist es, den Ball durch den Körper und eventuell abgespreizte Arme vor dem Gegner zu schützen.
- Einführen von Ballkontrollelementen und weiterer Ballverarbeitung im Anschluss an die Ballannahme mit dem Oberkörper:
  - » Ballkontrolle plus Rückpass zur ballwerfenden Spielerin.
  - » Den Ball mit dem Außenspann zur Seite legen und in ein Dribbling gehen.
  - » Volleyverarbeitung des Balls als Abschluss.
  - » . . .

3.5.1 BALLMITNAHME ZUR SPIELERÖFFNUNG

Sobald die Ballannahme mit dem Oberkörper und die anschließende Ballkontrolle mit dem Fuß zumindest in Grundzügen beherrscht wird, kann eine Technikvariation eingeführt werden, die es erlaubt, mit der Oberkörperannahme eine Spieleröffnung einzuleiten. Diese Option kann, beispielsweise, in Strafraumsituationen nützlich sein.

Im Gegensatz zur geraden Ballannahme, bei der die Beine relativ parallel zueinander auf dem Boden stehen, wird zur Richtungsgebung bewusst ein Fuß deutlich nach vorne gestellt. Auf diese Weise wird der Oberkörper automatisch gedreht, sodass der Ball nicht nach vorne, sondern zur Seite abgelenkt wird. Geht der rechte Fuß nach vorne, so wird der Ball nach links gelegt. Geht der linke Fuß nach vorne, so wird der Ball auf die rechte Seite gelegt. Auf diese Weise kann der Ball in Laufrichtung gelegt werden, vor dem gegnerischen Zugriff geschützt oder auch für einen Abschluss vorbereitet werden (Abb. 44).

Selbstverständlich kann diese Richtungsänderung auch nur durch das Drehen des Oberkörpers in die eine oder andere Richtung erzielt werden. Dies ist jedoch koordinativ deutlich komplexer, da Flugkurve, Trefferzeitpunkt und Körperdrehung aufeinander abgestimmt werden müssen. Die beschriebene Technik mit deutlichem Ausfallschritt ist wesentlich einfacher und erleichtert deshalb das Erlernen dieser Möglichkeit.

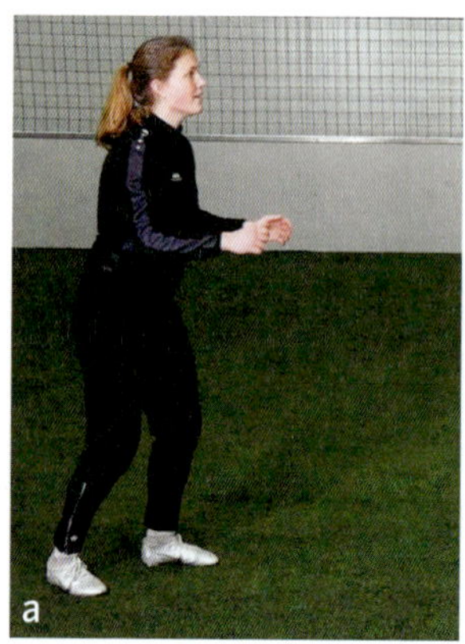
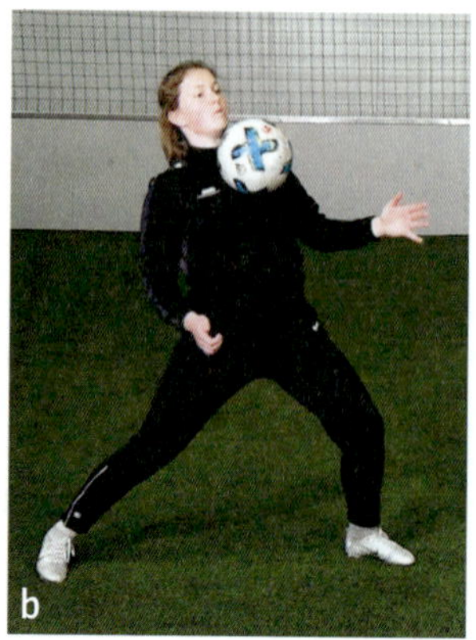
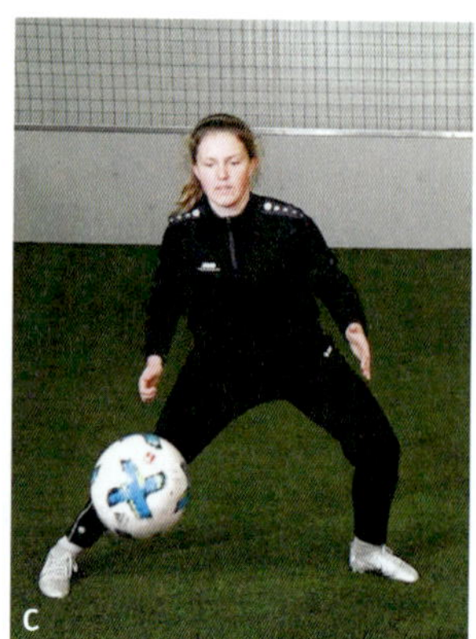

Abb. 44a-c: Ballannahme und -mitnahme durch den Oberkörper

3.5.2 FEHLERBILDER UND TIPPS ZUR BALLANNAHME MIT DEM OBERKÖRPER

- **Die Spielerin verdreht den Oberkörper kurz vor dem Ballkontakt. Der Ball wird somit seitlich an der Schulter angenommen.**

  Dieser technische Fehler verhindert eine gute Ballannahme. Verursacht wird dieses Verhalten meist durch Angst vor dem Ball.

  Abhilfe: Die Wurfdistanz zur annehmenden Spielerin reduzieren und/oder die Flugkurve des Balls erhöhen, bis die Spielerin den Ball wieder (angstfrei) technisch sauber annehmen kann.

- **Die Spielerin hebt im Moment des Ballkontakts die Arme seitlich bis auf Schulterhöhe oder auch darüber hinaus an.**

  Dieses Verhalten tritt in der Regel unbewusst auf und sollte unbedingt wegtrainiert werden, da es oftmals ein Foul- oder Handspiel zur Folge hat.

  Abhilfe: Die Spielerin auffordern, die Hände vor der Aktion zu verschränken, sodass sie sich gegenseitig blockieren (Abb. 43).

- **Die Spielerin streckt den Oberkörper weit nach vorne, um den Ball zu empfangen. Die Arme werden hierbei häufig seitlich abgespreizt oder nach hinten ausgestreckt.**

  Auf diese Weise trifft der Ball zwar die vorgesehene Trefferfläche, jedoch ist der Oberkörper hart und angespannt, sodass der Ball weit wegspringt. Tatsächlich wäre jedoch das Gegenteil erwünscht, nämlich ein Zurückziehen des Brustbeins und ein Nach-vorne-Bringen der Schultern, um eine weiche Trefferfläche zu bilden.

  Abhilfe: Die Körperhaltung ansprechen. Die gewünschte Haltung wird leichter erreicht, wenn die ausgestreckten Arme eng am Körper angelegt und leicht nach vorne geführt werden (Abb. 43). Auf diese Weise werden die Schultern nach vorne gebracht und die Brustmuskulatur zur Dämpfung angespannt.

- **Die Spielerin nimmt den Ball im Sprung an.**

  Diese Bewegungsform ist nicht wünschenswert, da eine schnelle Ballkontrolle nicht möglich ist. Auch kann die Körperposition nach dem Absprung nicht mehr angepasst werden.

  Abhilfe: Die Problematik ansprechen und die gewünschte Körperhaltung durch aktives Coaching einfordern. Verdeutlichen, dass dies notwendig ist, damit die Spielerin ihre Körperposition zum Ball ständig durch kleine Schritte anpassen kann.

3.6 VERARBEITUNG VON FLUGBÄLLEN – KOPFBALLSPIEL

Mädchen und Frauen sind in der Regel zurückhaltend, wenn es um Kopfbälle geht. Wie auch bei der Ballannahme mit dem Oberkörper scheinen die Faktoren Angst und unsichere Ball-Körper-Koordination hierfür eine entscheidende Ursache zu sein. Um dem entgegenzuwirken, sollte das Kopfballspiel ab der U11 ein wichtiges Thema im Training sein.

3.6.1 GESUNDHEITLICHE BEDENKEN – MASSNAHMEN

Seit einiger Zeit werden gesundheitliche Bedenken im Zusammenhang mit dem Kopfballspiel im Fußball diskutiert (Russel et al., 2021; Ashton et al., 2021). Zum heutigen Zeitpunkt scheint es jedoch noch keine abschließende Bewertung zu geben. Das Regelwerk schließt das Kopfballspiel weiterhin ein, es wird von den Verbänden auch weiterhin gelehrt und, zumindest vom Deutschen Fußball-Bund, gibt es derzeit keine Altersbeschränkung (DFB NEWS, Online-Archiv).

Trotz dieser Umstände versucht das hier vorgestellte Training und der Einsatz im Spiel, dieser Diskussion Rechnung zu tragen, ohne jedoch den Kopfball als Spieloption völlig fallen zu lassen. Die vorgestellte Technik zielt deshalb nicht darauf ab, weite und harte Bälle, wie einen Ab- oder Freistoß, entgegen seiner Flugrichtung mit dem Kopf abzufangen. Es geht vielmehr um die offensive, aber auch defensive **Ablenkung** des Flugballs aus seiner Flugbahn, was sowohl zur Torerzielung als auch zur Torverhinderung eingesetzt werden kann.

Hierbei wird durch den Kopfstoß lediglich ein die Flugrichtung des Balls verändernder Impuls gesetzt, nicht jedoch die Gesamtenergie des Balls durch den Kopf und die Hals-/Rumpfmuskulatur aufgenommen.

3.6.2 DAS TRAINING FÜR DEN KOPFSTOSS

Vorbereitung des Trainings

Wie bei der Ballverarbeitung mit dem Oberkörper empfiehlt es sich, insbesondere in jüngeren Mannschaften, beim Erlernen der Grundtechnik auf leichtere Bälle zurückzugreifen als den Standardball. Ferner sollte, zumindest in den ersten Einheiten, der Ball unbedingt durch die Trainer angeworfen werden, da auf diese Weise die Flugkurve, Ballgeschwindigkeit und Kraft des Balls gut kontrolliert und gesteuert werden kann.

Trefferfläche

Die Trefferfläche für den Kopfstoß liegt dicht über den Augen, zentral auf der Stirn (Abb. 45). Auf diese Weise kann der Kopf durch die Schulter- und Nackenmuskulatur stabilisiert und gefedert werden. Ein Treffen des Balls mit der Kopfoberseite ist nicht nur schmerzhaft, sondern kann weder durch die Schulter- noch durch die Nackenmuskulatur aufgefangen werden. Dies soll vermieden werden.

Um die Trefferfläche zu erlernen, sollen die Spielerinnen aufgefordert werden, die Augen nicht zu schließen, sondern den Ball **kontinuierlich** mit den Augen zu verfolgen. Auf diese Weise wird der Ball quasi automatisch mit der Stirn getroffen. Dies beeinträchtigt nicht den Schließreflex der Augen im Moment des Ballkontakts.

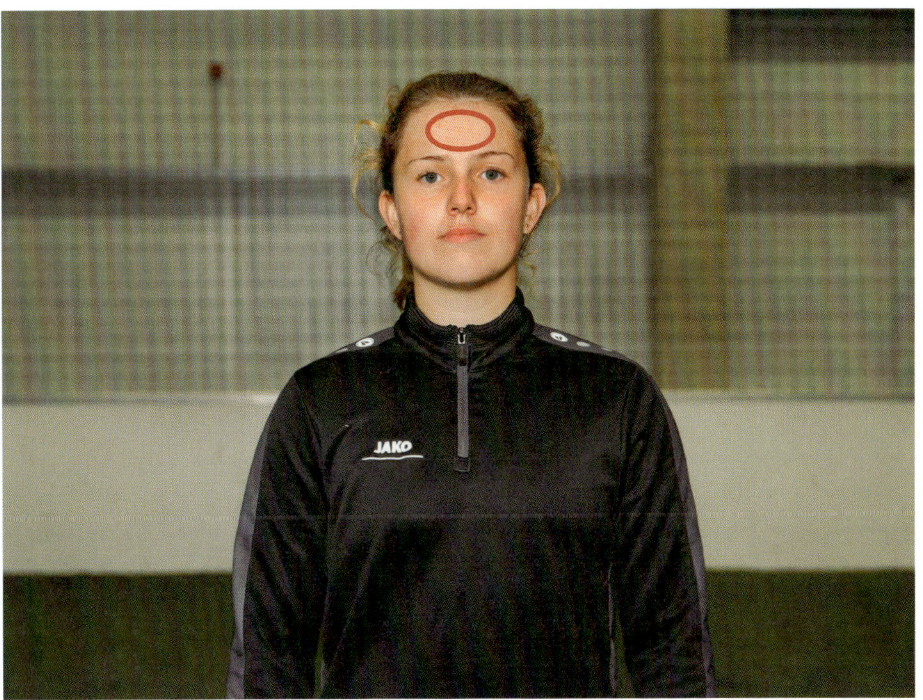

Abb. 45: Trefferfläche des Balls auf der Stirn beim Kopfstoß

Kopfstoß – Gittergriff

Auch wenn allgemein von Kopfball gesprochen wird, so ist es jedoch wichtig zu betonen, dass es sich von der Bewegung her tatsächlich um einen Kopfstoß handelt. Der Kopf bewegt sich also aktiv in Richtung Ball. Hieraus leitet sich der **Trainingsgrundsatz** ab:

Der Kopf stößt den Ball – nicht umgekehrt!

Dieser Grundsatz ist insbesondere deshalb wichtig, da die Erschütterung für den Kopf bei einem aktiven Kopfstoß deutlich reduziert ist im Vergleich zum ruhenden Kopf, der „vom Ball getroffen" wird. Das Aktive beim Kopfstoß sollte deshalb immer wieder gefördert und gefordert werden.

Eine einfache Möglichkeit, um dieses Verhalten zu trainieren, ist der sogenannte *Gittergriff*. Die Spielerin macht sich zum Kopfball bereit und streckt die Arme auf Schulterhöhe nach vorne, biegt den Oberkörper leicht nach hinten und umfasst mit den Händen imaginäre Gitterstäbe. Nun wird der Ball geworfen und die Spielerin „zieht" an den imaginären Gitterstäben, um den Oberkörper und den Kopf in Richtung Ball zu beschleunigen (Abb. 46).

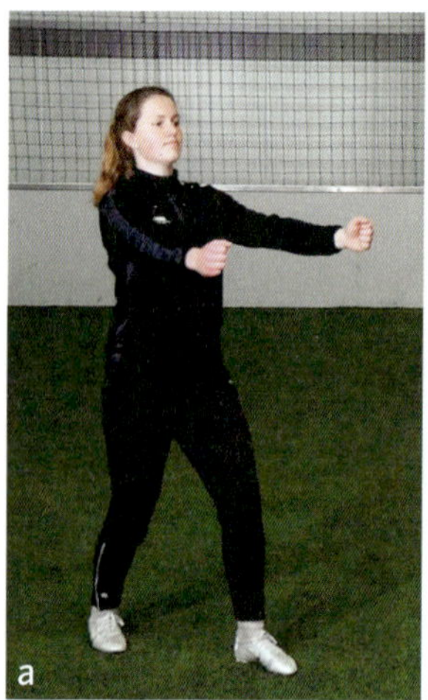

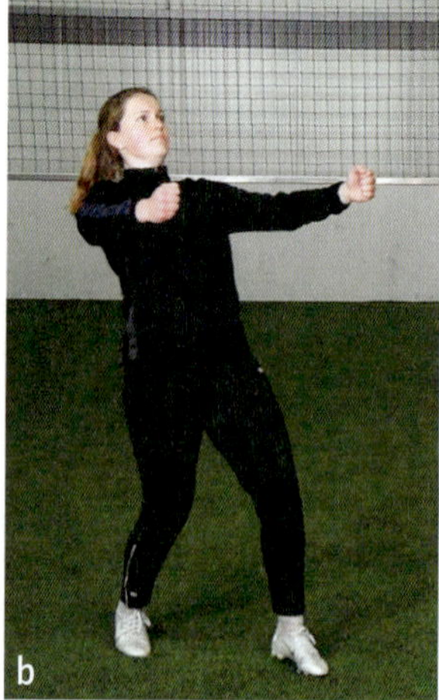

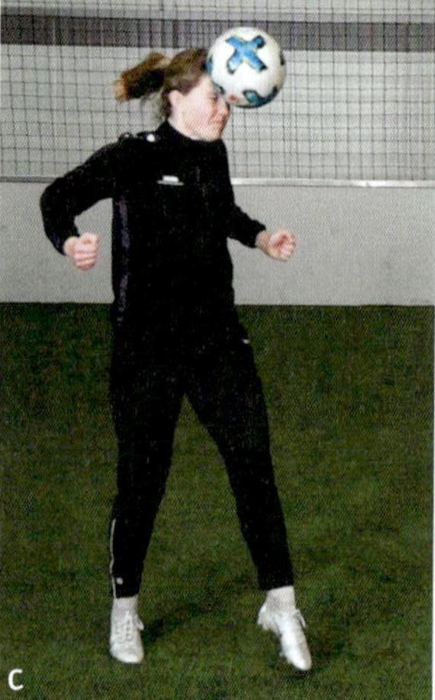

Abb. 46a-c: Kopfstoßtraining mithilfe des Gittergriffs

Anwerfen - Phase 1

Das wichtigste Ziel in den ersten Übungseinheiten ist es, dass die Spielerinnen ihre Angst verlieren, ein Gefühl für die Trefferfläche auf der Stirn entwickeln und die Ball-Körper-Koordination für den Kopfstoß erlernen.

Insbesondere im Training von U11- oder U13-Mannschaften sollten die Trainer in den ersten Einheiten die Bälle anwerfen, denn die Wurfqualität von Spielerinnen in diesem Alter ist meist nicht gut genug. Ferner können die Trainer den Abstand, die Flugkurve und die Wurfhärte auf die jeweilige Mannschaft und Spielerin gut anpassen. In einer U11 wird, beispielsweise, mit einem Abstand von nur zwei Metern und einem Anwerfen von unten begonnen. Ab der U13 kann man, je nach Stand der Fähigkeiten, auch Paarübungen einsetzen.

In den ersten Einheiten wird der Ball frontal angeworfen (Entfernung circa zwei Meter). Ist die Ball-Körper-Koordination so weit entwickelt, dass der Ball regelmäßig mit der Stirn gestoßen wird, dann kann der Abstand schrittweise erhöht und die Flugkurve verändert werden.

Grundsätzlich ist es leichter, Bälle mit einer etwas flacheren Flugkurve mit dem Kopf zu verwerten als mit einer höheren Flugkurve, da die Körper-Ball-Koordination etwas einfacher ist. Folglich kann die Höhe der Flugkurve zur Steigerung der Schwierigkeit genutzt werden.

Anwerfen - Phase 2

Profifußballerinnen sind in der Lage, den Ball frontal zu beobachten und durch eine Rotation von Kopf und Rumpf eine Richtungsänderung des Balls zu erreichen, um etwa einen Eckball einzuköpfen. Dies ist eine hochkomplexe Bewegung, da die Flugkurve des Balls, der eigene Anlauf, der Absprung und die eigene Sprunghöhe mit der Rotationsbewegung von Kopf und Rumpf koordiniert werden müssen.

Diese Fähigkeiten werden im Jugend- und Amateurfußball nur selten erreicht. Um dennoch das gewünschte Ziel, also die angestrebte Richtungsablenkung ins Tor, zu erreichen, wird hier ein anderer, einfacherer Weg beschrieben.

Wie bei der Körperstellung im Passspiel wird der Flugball über die „Schulter hinweg" beobachtet und die Spielerin bemüht sich, in den Ball hineinzulaufen. Im Moment des Ballkontakts zeigt die Körpervorderseite der Spielerin somit im Grunde frontal in Richtung der gewünschten Flugrichtung des abgelenkten Balls. Die komplexe Rotationsbewegung von Kopf und Rumpf entfällt somit weitestgehend.

Diese Technik ist weitaus einfacher zu erlernen, als die oben beschriebene Technik von Profifußballerinnen. Die Vereinfachung ergibt sich auch daraus, dass die Spielerin die im Passtraining schon erlernten Konzepte nutzen kann. Dennoch wird das gewünschte Ziel der Richtungsablenkung nicht aus den Augen zu verloren.

Um diesen Teil der Technik zu erlernen, wird in Phase 2 des Anwerfens der Ball nicht mehr frontal angeworfen, sondern zunehmend von der Seite bis schließlich fast quer. Durch den Einsatz von zwei Minitoren oder von Stangen im Normaltor zur Markierung der Zielbereiche wird unmittelbar deutlich, wohin der Ball durch den Kopfstoß abgelenkt werden soll.

In Abb. 47 wird der Ball von Position 1, nahe beim Pfosten, eingeworfen, während eine Spielerin von Position 3 vor das Tor läuft. Die Spielerin dreht dann, je nach Flugbahn des Balls, ihren Körper in einer Weise, dass sie den Ball frontal in eine der beiden Ecken köpfen kann. In der nächsten Aktion wird der Ball von Position 2 auf die nächste Spielerin von Position 3 eingeworfen.

Die Wechsel: von Position 3 auf Position 1 oder 2 (je nachdem, von wo der Ball zugeworfen wurde). Von Position 1 bzw. 2 auf Position 3.

Indem man den Ort von Position 1 und 2 variiert, kann man verschiedene Kopfballsituationen simulieren. Verschiebt man, beispielsweise, Positionen 1 und 2 in Richtung der seitlichen Linie des 16-Meter-Raums, so wird die Kopfballsituation einer Flankenverwertung zunehmend ähnlicher.

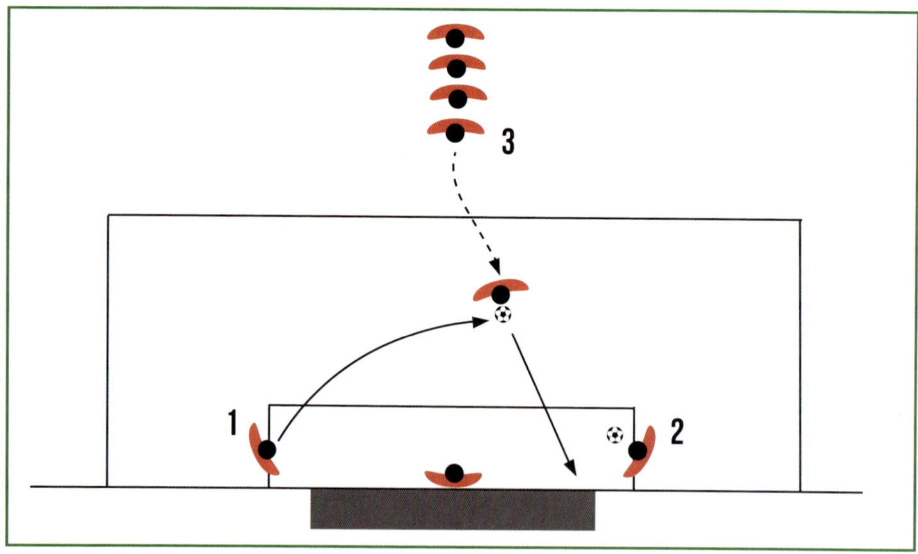

Abb. 47: Kopfballtraining - Phase 2, Anwerfen zunehmend von der Seite

Sobald diese Grundübungen beherrscht werden, kann in eine sehr schnelle Mannschaftsübung im Wettkampfmodus eingestiegen werden. Auch hier kann man durch Verschieben des Ortes, von wo eingeworfen wird, den Typ der Kopfballverwertung nach Bedarf einstellen.

Ablauf der in Abb. 48 gezeigten Übung:

Es werden zwei Teams gebildet, die sich rechts und links neben dem Posten an einem Hütchen 1 bzw. 2 in Reihe aufstellen. Jedes Team hat einige Bälle.

Es wird ferner ein Hütchentor im 16-Meter-Raum aufgestellt.

Eine Spielerin von Team 2 steht im Tor.

Nun sprintet die erste Spielerin von Team 1 vom Hütchen 1 los (ohne Ball!), durchläuft das Hütchentor und bekommt von der zweiten Spielerin in der Reihe von Team 1 den Ball so zugeworfen, dass die erste Spielerin den Ball mittels Kopfball einnetzen kann. Die erste Spielerin von Team 1, also diejenige, die den Kopfball gemacht hat, wird nun zur Torhüterin, während die erste Spielerin von Team 2 lossprintet (ebenfalls ohne Ball) und von der zweiten Spielerin in der Reihe von Team 2 den Ball auf den Kopf serviert bekommt. Auf diese Weise sind die köpfende Spielerin und die Torhüterin jeweils von unterschiedlichen Mannschaften. Jedes Team zählt die erzielten Kopfballtreffer.

Nach einer gewissen Zeit wird die Übung beendet, und die Anzahl an erfolgreichen Toren verglichen. Das Verliererteam kann dann, beispielsweise, Liegestütze machen entsprechend der Tordifferenz zwischen den beiden Teams.

Zur Steigerung dieser Übung werden die Startpunkte 1 und 2 immer weiter nach außen in Richtung der seitlichen 16-Meter-Linie verschoben. Auf diese Weise wird die Flugbahn immer länger, sodass die Anlaufbewegung immer deutlicher an die Flugkurve des Balls angepasst werden muss.

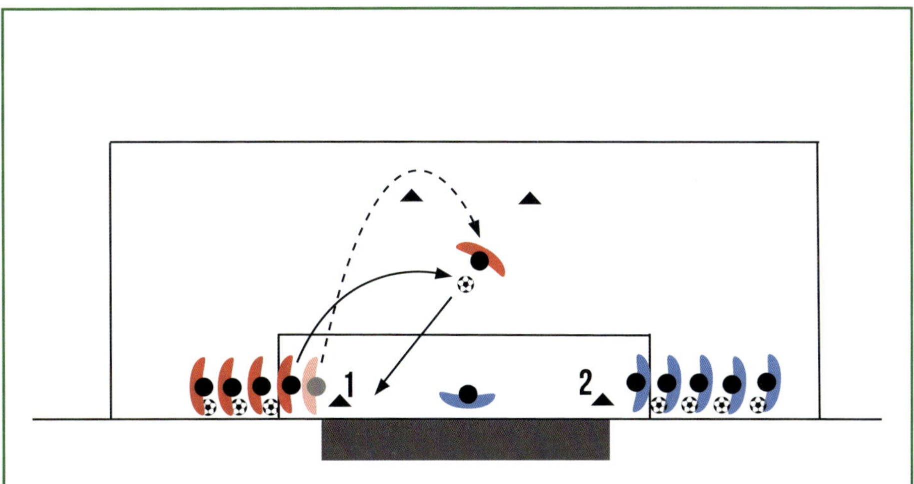

Abb. 48: Kopfballtraining im Wettkampfmodus

3.7 TORSCHUSS

Es werden zwei Grundformen des Torschusses vorgestellt, die einfach zu erlernen, aber dennoch effektiv und somit wettkampfrelevant sind.

3.7.1 TORSCHUSS DURCH DIE IN-DEN-BALL-LAUFEN-TECHNIK

Bei dieser Form des Abschlusses handelt es sich im Grunde um einen scharfen Pass, der mit dem Innenriss des Außenfußes ausgeführt wird. Dieser Abschluss kann mit großer Härte, guter Ballkontrolle und sowohl aus der Nahdistanz als auch aus größerer Entfernung und sowohl mit dem starken als auch mit dem schwachen Fuß Erfolg versprechend von den Spielerinnen eingesetzt werden.

Das Erlernen einer grundsätzlich neuen Technik ist bei diesem Abschluss nicht notwendig, da er auf der schon beschriebenen Passtechnik mit offener Körperstellung und unter Verwendung des Außenfußes basiert.

Dieser Schuss bietet sich immer dann an, wenn

- die Laufbewegung der schießenden Spielerin in Richtung Tor geht und
- der Ball von der Seite oder von vorne aufgelegt wird.

Flanken und scharfe Hereingaben von der Seite können durch diese Technik sehr erfolgreich verwertet werden.

Wie beim Passspiel ist die offene Körperhaltung entscheidend. Der Bewegungsablauf ist im Grunde wie folgt. Die abschließende Spielerin

- läuft frontal in Richtung Tor;
- beobachtet die Hereingabe über die Schulter hinweg;
- läuft in die Flug-/Lauflinie des Balls;
- positioniert das Standbein möglichst nah an die Flug-/Lauflinie des Balls und
- schließt mit der Innenseite des Außenfußes ab.

Dies sind die gleichen Schritte, wie sie bereits im Passspiel mit offener Körperstellung und unter Verwendung des Außenfußes besprochen wurden.

Die grundlegende Technik ist in Abb. 49 dargestellt. Spielerin 1 legt den Ball zurück. Spielerin 2 läuft an, dreht den Körper, um mit der Innenseite des Außenfußes den Ball als scharfen Pass in das Tor zu schießen. Die gleiche Technik wird verwendet, unabhängig davon, ob der Ball ins lange Eck (siehe Abb. 49) oder in die kurze Ecke (Abb. 50) geschlagen werden soll. Es bleibt in dieser ersten Lernphase also systematisch beim Abschluss mit dem Außenfuß. Lediglich der Körper wird beim Anlaufen bzw. unmittelbar vor dem Abschluss entsprechend gedreht, in Analogie zum Passspiel.

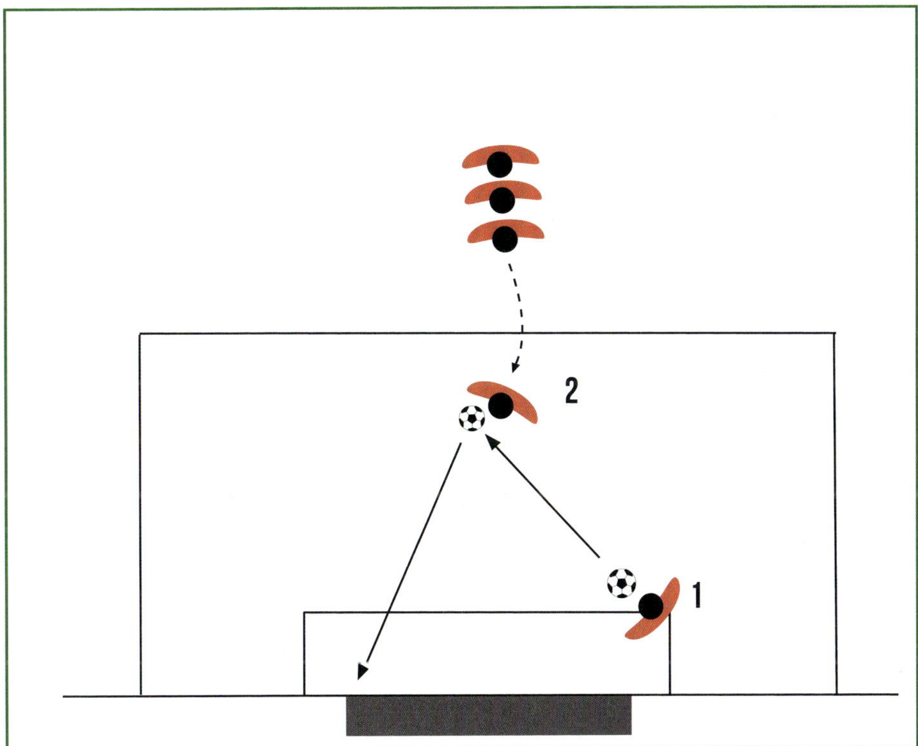

Abb. 49: Verwertung eines Ablegers ins lange Eck durch die In-den-Ball-laufen-Technik

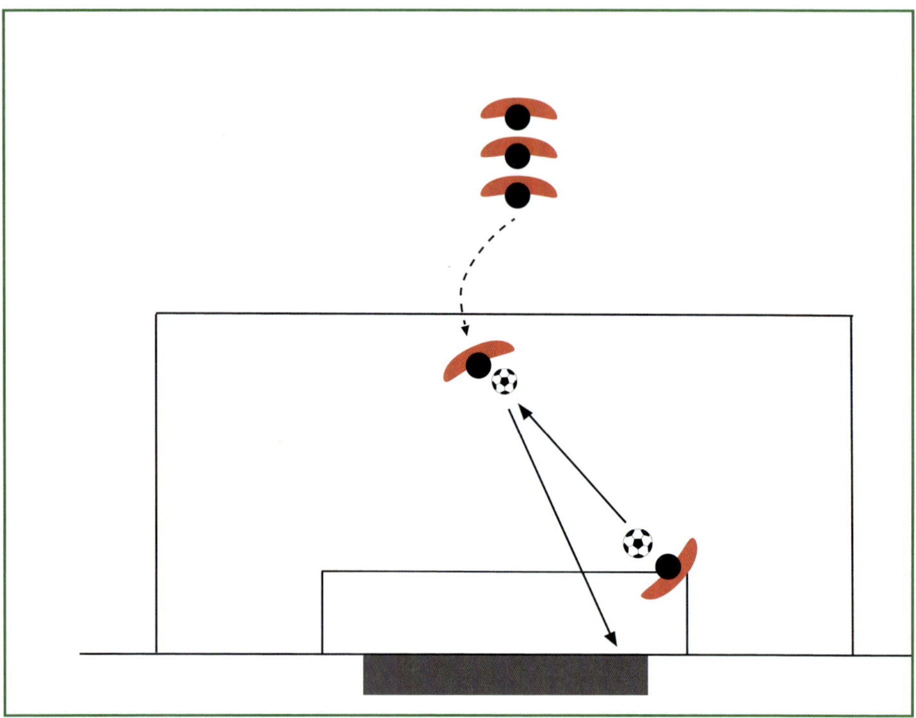

Abb. 50: Verwertung eines Ablegers ins kurze Eck durch die In-den-Ball-laufen-Technik

Die In-den-Ball-laufen-Technik eignet sich in gleicher Weise für die Verarbeitung von flachen wie von halbhohen Hereingaben.

Damit der Abschluss flach bleibt, ist es von großer Bedeutung, dass die Spielerin versucht, das Standbein möglichst nah beim Ball zu platzieren. Je größer der Abstand des Standbeins zur Flug-/Lauflinie des Balls wird, desto größer ist das Risiko, dass letztendlich ein Schrittpass gespielt wird, der Ball stark ansteigt und/oder eine Rotation erhält wodurch er eine gebogene Flugkurve einnimmt.

Es ist ferner wichtig, dass die Spielerinnen ihren Krafteinsatz je nach Situation dosieren. Während bei einer Ballablage in 16 oder 20 Meter Entfernung vom Tor die abschließende Spielerin hart schießen sollte, so ist dies bei der Verarbeitung von scharf geschlagenen seitlichen Hereingaben nur wenige Meter vor dem Tor völlig anders. Hier ist es ausreichend, den Ball nur „sanft" berührend in Richtung Tor abzulenken.

Der Versuch, eine scharfe Hereingabe kurz vor dem Tor mit einem harten Schuss ins Tor zu lenken, führt meist zu einem ungewollten Ansteigen des Balls über die Latte hinweg. Dies Risiko kann durch eine Reduktion der Abschlusskraft deutlich reduziert werden.

Wie beschrieben, ergibt sich die Schussrichtung im Wesentlichen aus der Stellung des Körpers. Aus diesem Umstand ergibt sich auch eine Limitierung dieser Technik (Abb. 51a und 51b). Seitliche Hereingaben, die zentral vor dem Tor verwertet werden, können im Grunde aus allen Laufrichtungen mit dieser Technik verarbeitet werden (Abb. 51a). Dies ändert sich jedoch, wenn die Hereingabe auf dem kurzen oder langen Pfosten verwertet werden muss (Abb. 51b). Hier kann der Ball nicht mehr aus allen Laufrichtungen heraus mit der In-den-Ball-laufen-Technik verarbeitet werden. In den Fällen, die eine Verwendung der In-den-Ball-laufen-Technik nicht erlauben, ist ein Abschluss über den Vollspann jedoch möglich (siehe unten).

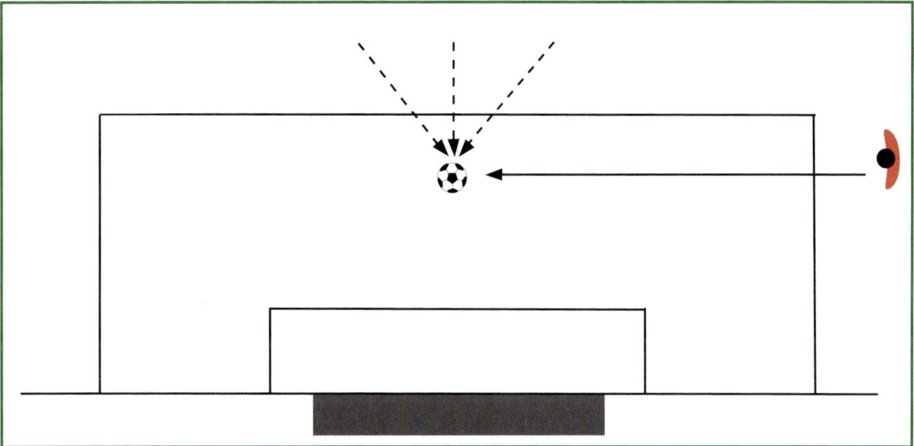

Abb. 51a: Bälle, die zentral vor dem Tor verwertet werden, können aus nahezu allen Laufrichtungen mit der In-den-Ball-laufen-Technik zum Abschluss gebracht werden.

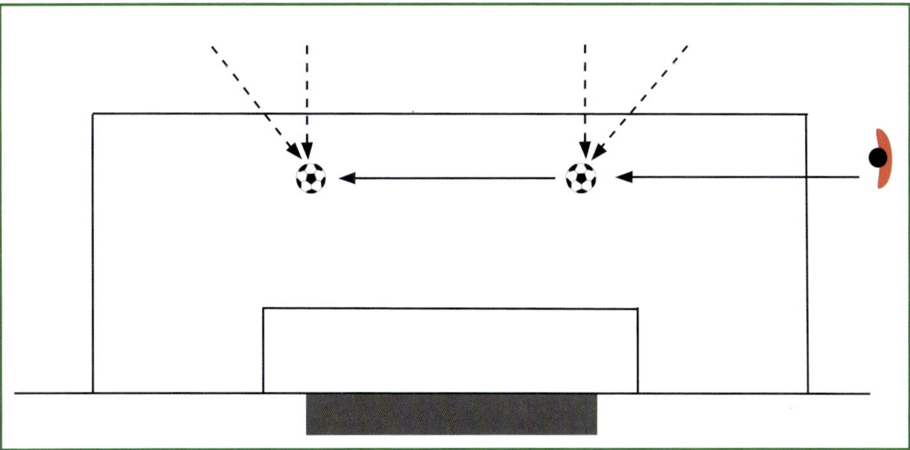

Abb. 51b: Bälle, die am kurzen oder langen Pfosten verwertet werden, können nicht aus jeder Laufrichtung mit der In-den-Ball-laufen-Technik zum Abschluss gebracht werden.

Training für die In-den-Ball-laufen-Technik

Eine effektive Übung, um diese Form des Torschusses zu trainieren, ist in Abb. 52 gezeigt. Diese Übung erlaubt eine hohe Wiederholungszahl und ein gleichzeitiges Abschlusstraining mit dem rechten wie mit dem linken Fuß. Es empfiehlt sich, die Positionen 1 und 2 mit je 3-4 Spielerinnen zu besetzen, um einen schnellen Durchlauf zu erreichen. Ferner sollten zwei Torhüterinnen mitspielen, die sich nach 3-5 Bällen abwechseln. Die Torhüterinnen geben hierbei den Takt für den nächsten Abschluss vor. Alternativ können die Zielbereiche im Tor auch durch Stangen oder Ähnliches markiert werden.

Ablauf

Sobald die Torhüterin bereit ist, gibt sie ein Zeichen für den nächsten Abschluss. Die Spielerin von Position 2 legt den Ball auf für eine Spielerin von Position 3. Die Spielerin von Position 3 läuft an, dreht den Körper entsprechend auf und schließt mit dem Außenfuß je nach Lage des Balls in die kurze oder lange Ecke ab (Abb. 52 zeigt nur eine Option). Anschließend wechselt die Spielerin von Position 2 auf Position 3, während die abschließende Spielerin von Position 3 den Ball aus dem Tor holt (ohne die Torhüterin zu stören) und sich bei Position 2 anstellt. Nun wird von Position 1 aufgelegt. Die Spielerin von Position 1 wechselt zu Position 3 und die abschließende Spielerin auf Position 1. Die abschließenden Spielerinnen wechseln also immer auf die Position, von der aus für sie aufgelegt wurde.

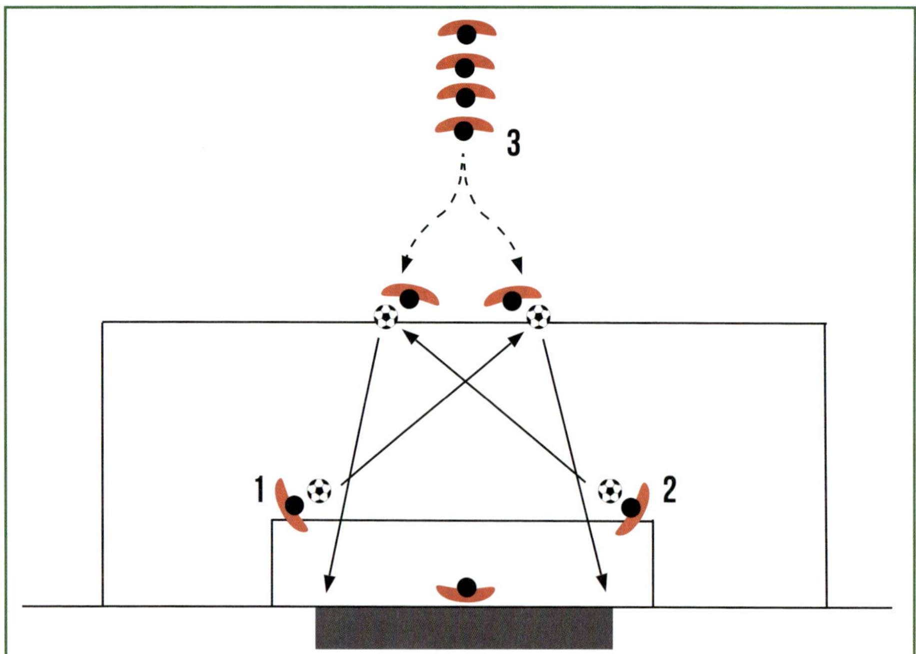

Abb. 52: Trainingsablauf für den Abschluss mit der In-den-Ball-laufen-Technik

Ein Torschusstraining mit der In-den-Ball-laufen-Technik von flachen/halbhohen Flanken ist in Abb. 53 gezeigt. Der Einfachheit halber ist nur der Abschluss ins jeweilige kurze Eck gezeigt. Je nach Anlauf und Körperstellung kann der Ball natürlich auch ins lange Eck abgeschlossen werden. Entscheidend ist in jedem Fall die Stellung des Körpers, wie schon in Abb. 49 und 50 gezeigt.

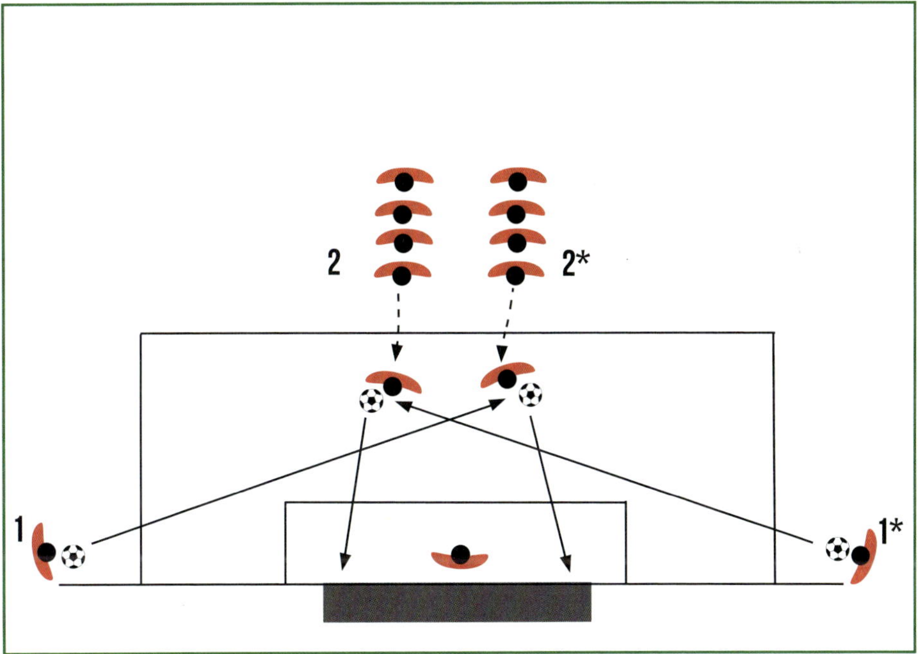

Abb. 53: Verarbeitung von seitlichen Hereingaben mit dem Außenfuß

Ablauf

Die Torhüterin gibt ein Zeichen, dass sie bereit ist. Die Spielerin bei Position 1 legt für die Spielerin bei Position 2* auf und wechselt dann auf Position 2. Die abschließende Spielerin holt sich den Ball aus dem Netz (ohne die Torhüterin zu stören) und stellt sich bei Position 1* an. Nun legt eine Spielerin von Position 1* auf für eine Spielerin an Position 2 und geht selbst zu Position 2* etc.

Je nach Vorgabe des Trainers können die Spielerinnen der Positionen 1 und 1* den Ball flach oder halbhoch einspielen oder auch einwerfen. Hohes Einwerfen schult den Abschluss in jeder Form, also als Direktabnahme aus der Luft ebenso wie den Abschluss nach vorheriger Ballkontrolle, zum Beispiel mit dem Oberkörper.

Je schärfer die Bälle gespielt oder geworfen werden, desto schwieriger wird das Timing im Zentrum. Um dennoch einen Torerfolg zu erzielen, empfiehlt es sich, die gezeigte Übung so zu variieren, dass zwei oder drei Spielerinnen im Zentrum positioniert werden, um den Abschluss zu suchen (Abb. 54).

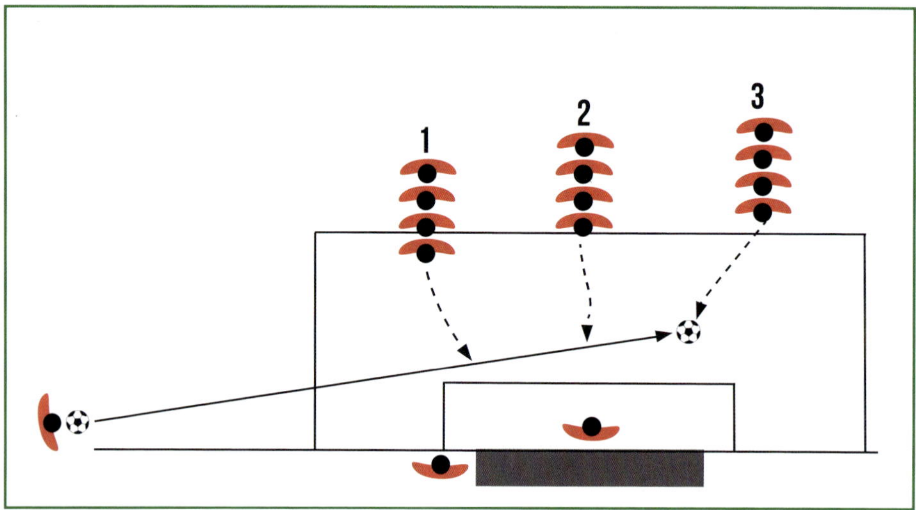

Abb.: 54: Verarbeitung scharfer Hereingaben durch mehrere Spielerinnen im Zentrum

Die in Abb. 54 gezeigte Variante trainiert nicht nur die generelle In-den-Ball-laufen-Technik, sondern auch das prinzipielle Verhalten im Strafraum, nämlich sowohl den kurzen wie auch den langen Pfosten zu bespielen, sowie immer auf Durchrutscher zu spekulieren. Ferner wird für die Spielerinnen auch deutlich, dass das Timing je nach Abstand zum Ball variiert. Die ballnahe Spielerin 1 am kurzen Pfosten muss deutlich schneller reagieren als Spielerin 3 am langen Pfosten, da Letztere mehr Zeit hat, um die Flugbahn des Balls zu beobachten. Dies bedeutet auch, dass sich die Anlaufgeschwindigkeit der Spielerinnen an den Positionen 1, 2 und 3 im Moment der Hereingabe unterscheidet. Spielerin 3 kann es etwas langsamer angehen lassen als die Spielerin an Position 1. Dennoch müssen die Spielerinnen aller Positionen ihre Maximalgeschwindigkeit erreicht haben, wenn sie die Flugbahn des Balls erreichen. Je nach Geschwindigkeit der Hereingabe können sich auch die Laufwege der Spielerinnen von den verschiedenen Positionen 1, 2 und 3 unterscheiden.

Das Grundprinzip, den Ball mit der Fußinnenseite durch die In-den-Ball-laufen-Technik zu verwandeln, verändert sich jedoch nicht.

In der Regel haben die Spielerinnen die Tendenz, zu früh in die Aktion hineinzustarten. Dies sollte jedoch vermieden werden, da ein Ball, der im Rücken einer Spielerin durchläuft, für den Abschluss verloren ist. Bei all diesen Übungen gilt deshalb der **Trainingsgrundsatz**:

Die Hereingabe möglichst lange beobachten und eher spät als früh starten!

Selbstverständlich können und sollen diese Grundübungen variiert werden und mit taktischen Elementen wie dem Kreuzen, Balldurchlassen etc. kombiniert werden. Auch sollten die Übungen, sobald die Grundtechnik beherrscht wird, so variiert werden, dass sie möglichst spielrelevant durchgeführt werden. Dies betrifft auch die Hereingabe, die, beispielsweise, durch einen Lauf von der Seitenauslinie, einen teilaktiven Gegenspieler etc. modifiziert werden können. Hier sind der Fantasie keine Grenzen gesetzt.

3.7.2 FEHLERBILDER FÜR DIE IN-DEN-BALL-LAUFEN-TECHNIK

- **Der Ball fliegt nicht gerade, sondern macht eine Kurve**

  Ursächlich hierfür ist, in der Regel, dass das Standbein nicht nah genug beim Ball aufgesetzt wird. Der Ball wird deshalb erst getroffen, wenn das Schwungbein sich schon wieder in Richtung Boden bewegt und der Fuß des Schwungbeins wieder in Normalstellung zurückgedreht wird. Der Ball wird also, im Grunde genommen, wie ein Schrittpass gespielt (siehe Kap. 3.2.3.2).

  Abhilfe: Das Standbein näher an die Fluglinie des Balls stellen, offene Körperstellung und den Ball treffen, wenn der Fuß noch in der Luft ist.

- **Der Ball steigt stark an**

  Ursächlich für diese Flugkurve kann sein, dass das Schwungbein den Ball zu tief trifft. Häufig wird auch hier das Standbein nicht nah genug an der Fluglinie des Balls aufgesetzt und der Ball, wie bei einem Schrittpass, sehr tief und eher mit der Fußspitze getroffen (siehe Kap. 3.2.3.2). Eine andere Möglichkeit ist, dass der Ball viel zu hart geschlagen wird, statt, insbesondere nur wenige Meter vor dem Tor, den Ball mit einer „sanften" Berührung lediglich ins Tor umzulenken.

Abhilfe: Das Standbein näher an die Fluglinie des Balls stellen. Prüfen, ob die Spielerin den Innenriss und nicht den Spann einsetzt. Insbesondere bei kurzer Torentfernung die Kraft aus dem Schwungbein nehmen und den Ball nur „sanft" umlenken. Das Fußgelenk muss jedoch weiterhin stabil bleiben.

- **Der Ball läuft im Rücken der Spielerin durch und kann nicht abgeschlossen werden**

  Ursächlich hierfür ist, dass die Spielerin das Timing falsch einschätzt und zu früh in Richtung Tor läuft.

  Abhilfe: Erklärung an die Spielerinnen, erst dann zu starten, wenn sie die Hereingabe auch fliegen sehen. Eventuell können die Anlaufpositionen deutlich weiter ins Spielfeld verschoben werden, sodass die Spielerinnen sich bereits locker in Richtung Tor bewegen, bevor die Hereingabe gespielt wird. Dies schult die Ballbeobachtung und das Timing. Man kann die Spielerinnen auch auffordern, zunächst eine Körpertäuschung (Gegenbewegung) durchzuführen, bevor sie in Richtung Ball starten.

3.7.3 ABSCHLUSS MITTELS VOLLSPANNSCHUSS

Diese Technik wird häufig als die „echte" Torschusstechnik betrachtet. Im Vergleich zur oben beschriebenen In-den-Ball-laufen-Technik ist die Verarbeitung einer Ballablage mit dem Vollspann technisch deutlich anspruchsvoller. Der Vollspannschuss ist deshalb für Situationen besonders geeignet, in denen die ballführende Spielerin aus einer eigenen Richtungsänderung oder einer Dribbelsituation heraus zum Abschluss kommen möchte, oder wenn es aufgrund der Stellung/Laufbewegung zum Tor nicht mehr möglich ist, die In-den-Ball-laufen-Technik zu verwenden (siehe Abb. 51a und b).

Mit der Vollspanntechnik hat die Spielerin auch in diesen Situationen die Möglichkeit, dem Ball eine hohe Geschwindigkeit und Härte zu geben. Die Kraft hierfür kommt, anders als bei der In-den-Ball-laufen-Technik, im Wesentlichen aus Oberschenkel und Rumpf und weniger aus der Anlaufgeschwindigkeit oder der Hereingabe.

Eine Schwierigkeit der Vollspanntechnik liegt darin, dass die Fußspitze nach unten ausgestreckt wird und der Ball mit der Fußoberseite, dem Spann, geschlagen wird. Das Schwungbein ist somit „länger" als das Standbein, was ausgeglichen werden muss, um eine Bodenberührung des Schwungbeins zu vermeiden.

Die wohl einfachste Ausgleichsmaßnahme besteht darin, dass das Standbein seitlich wie beim Passspiel, jedoch mit etwas mehr Abstand zum Ball, aufgestellt wird. Der Körper liegt somit leicht schräg und der Ball wird quasi diagonal mit dem Spann getroffen (siehe Abb. 55a und b).

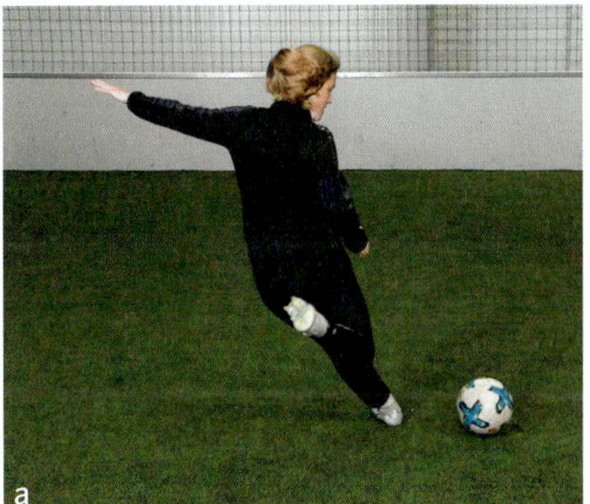

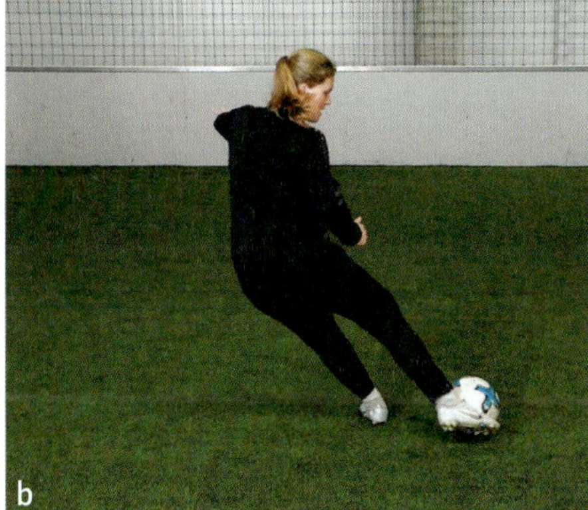

Abb. 55a und b: Ausgleichbewegung beim Schuss mit dem Vollspann

Insbesondere durch die Notwendigkeit für die beschriebene Ausgleichsmaßnahme ist es nicht einfach, den Ball wirklich mittig zu treffen. Dies ist jedoch notwendig, damit der Ball die gewünschte Flugbahn einnimmt. - Selbst Profis scheitern bisweilen an dieser Aufgabe.

Ein wesentlicher Unterschied der Vollspanntechnik gegenüber der In-den-Ball-laufen-Technik liegt in den Parametern, die die Flugrichtung bestimmen. Während bei der In-den-Ball-laufen-Technik, ebenso wie beim Passspiel, die Blickrichtung des Oberkörpers die Flugrichtung des Balls im Wesentlichen vorgibt, so ist beim Vollspannschuss die Stellung des Standbeins ausschlaggebend, genauer gesagt, die „Blickrichtung" der Fußachse.

Durch das Eindrehen des Standbeins und die damit einhergehende Neuausrichtung der Fußachse ist es per Vollspann möglich, Bälle zu schlagen, die stark von der Laufrichtung der Spielerin abweichen. Dies ist auch für das Schlagen von Flanken von großer Bedeutung.

Abb. 56 zeigt eine Spielerin, die sich in Laufrichtung 1 bewegt. Für den Abschluss wird der Ball vorgelegt, das Standbein eingedreht, sodass die Fußachse in die gewünschte Schussrichtung 2 zeigt und der Ball mit dem Spann in Schussrichtung 3, parallel zur Fußachse 2, geschlagen (hier mit links).

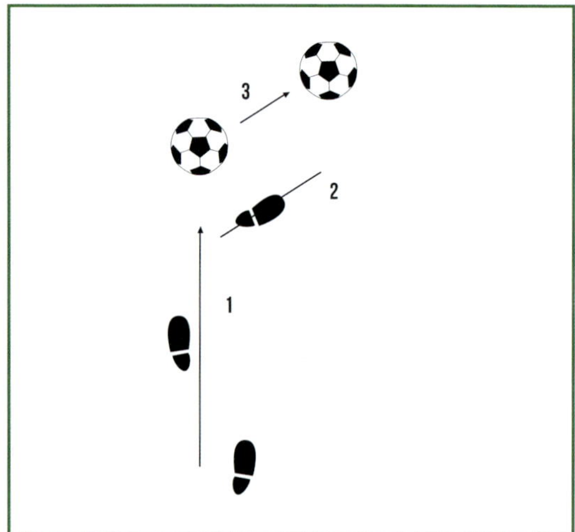

Abb. 56: Vollspannschuss mit dem linken Fuß mit Richtungsänderung

Training

In der ersten Phase geht es nur darum, dass die Spielerin einen geeigneten Abstand des Standbeins zum Ball findet, um einen sauberen Vollspannschuss auszuführen. Da es noch nicht um das Erzielen von Toren geht, kann die Übung an einem Zaun etc. ausgeführt werden, um den Ball schnell wieder einsammeln zu können und auf eine hohe Wiederholungszahl zu kommen.

In der in Abb. 57 gezeigten Vorübung dribbelt die Spielerin mit Ball in ein Hütchendreieck. Dort schiebt sie den Ball mit dem Außenriss nach Vorgabe nach rechts (gezeigt) oder links. Ausgehend von dieser Aktion, macht die Spielerin einen weiteren Schritt mit dem Standbein und schlägt einen Vollspannschuss. Diese Vorübung wird sowohl mit dem rechten wie auch mit dem linken Fuß durchgeführt.

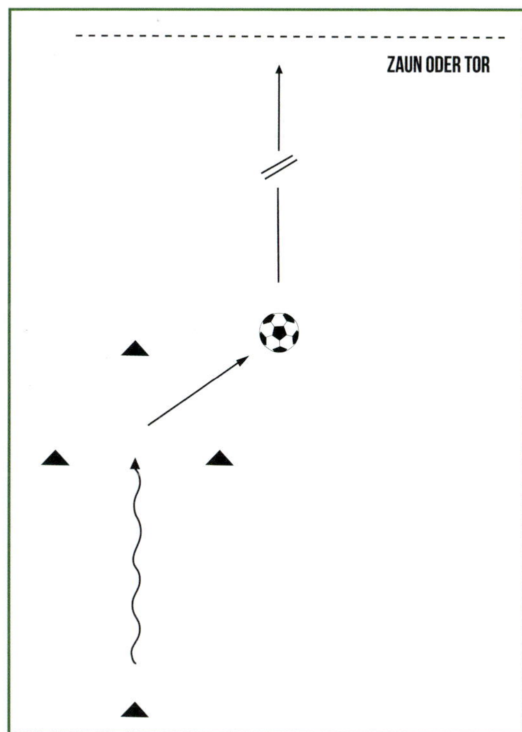

Abb. 57: Vollspannschuss – Vorübung am Zaun

Als Steigerung (Abb. 58), kann man Hütchen oder Stangentore aufbauen, um die Zielgenauigkeit zu trainieren. Die Bedeutung der Stellung der Ausrichtung der Fußachse kann auf diese Weise schnell verdeutlicht und trainiert werden.

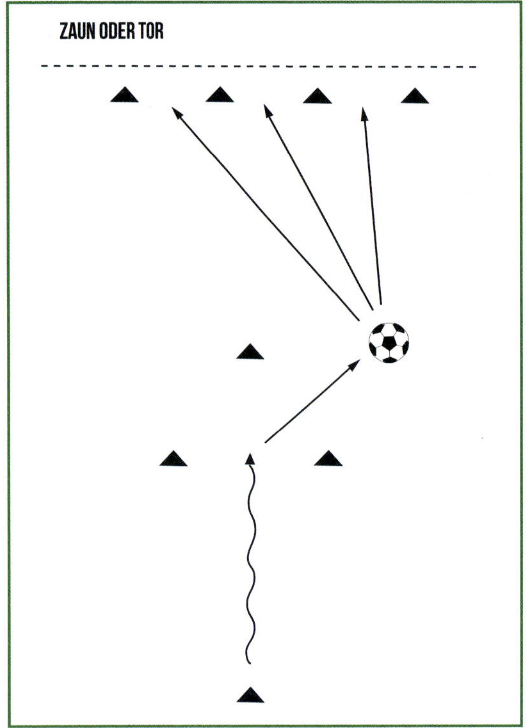

Abb. 58: Erste Steigerung im Grundlagentraining beim Vollspannschuss

Durch Anpassung der Distanz zwischen der schießenden Spielerin und den Hütchentoren kann die Schwierigkeit der beschriebenen Übungen variiert werden.

Wenn die Spielerinnen die grundlegende Technik des Vollspannschusses erlernt haben, dann kann im nächsten Schritt zum Torschuss übergegangen werden.

Mit dieser Übung (Abb. 59) kann eine hohe Wiederholungszahl an Abschlüssen in kurzer Zeit erreicht werden. Die Spielerinnen werden in zwei Gruppen eingeteilt. Ähnlich wie bei der Vorübung dribbeln die Spielerinnen in ein Hütchendreieck. Dieses ist nach einer Seite geschlossen, sodass der Ball mit der Fußaußenseite nur in eine Richtung, nach außen, aus dem Dreieck herausgeschoben werden kann. Von hier aus wird, eventuell nach Trainervorgabe, das jeweils lange oder kurze Eck anvisiert. Durch Stangen oder Pylone kann der Zielbereich festgelegt werden.

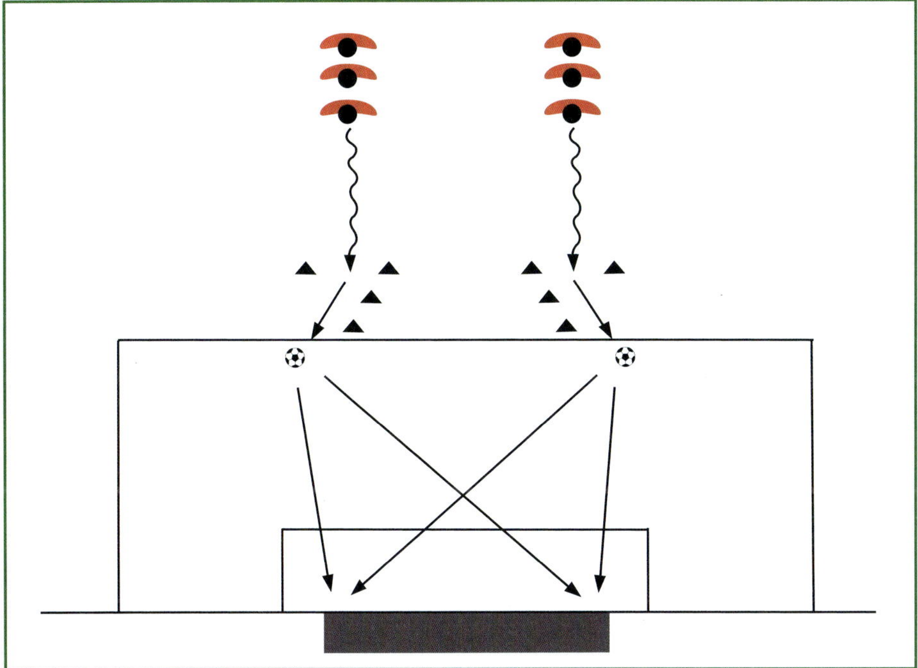

Abb. 59: Vollspannschuss am Tor mit Eigenvorlage nach außen

Zur Steigerung kann diese Übung mit Torhüterin durchgeführt werden. Idealerweise sollten es mindestens zwei Torhüterinnen sein, die sich nach 3-5 Abschlüssen abwechseln. Sind Torhüterinnen dabei, so geben diese vor, wann der nächste Abschluss gestartet werden kann.

In Abb. 60 wird eine Variante der in Abb. 59 gezeigten Abschlussübung für den Vollspannschuss gezeigt. Der Unterschied ist, dass in Abb. 60 der Ball nicht nach außen gelegt wird, sondern nach innen, also in Richtung Torzentrum. Für den Abschluss ins kurze Eck bedeutet dies keine Veränderung. Diese Torecke kann ideal mit dem Vollspann bespielt werden, da die Schussrichtung von der Laufrichtung abweicht und somit die Ausgleichbewegung eingeleitet werden kann.

Betrachtet man jedoch den Abschluss ins lange Eck, so entspricht hier die Abschlussrichtung der Laufrichtung. Dies ist mit der oben beschriebenen Ausgleichbewegung jedoch nicht oder nur schwer vereinbar. Hier ist es günstiger, den Ball mit dem Innenriss ins lange Eck zu schieben.

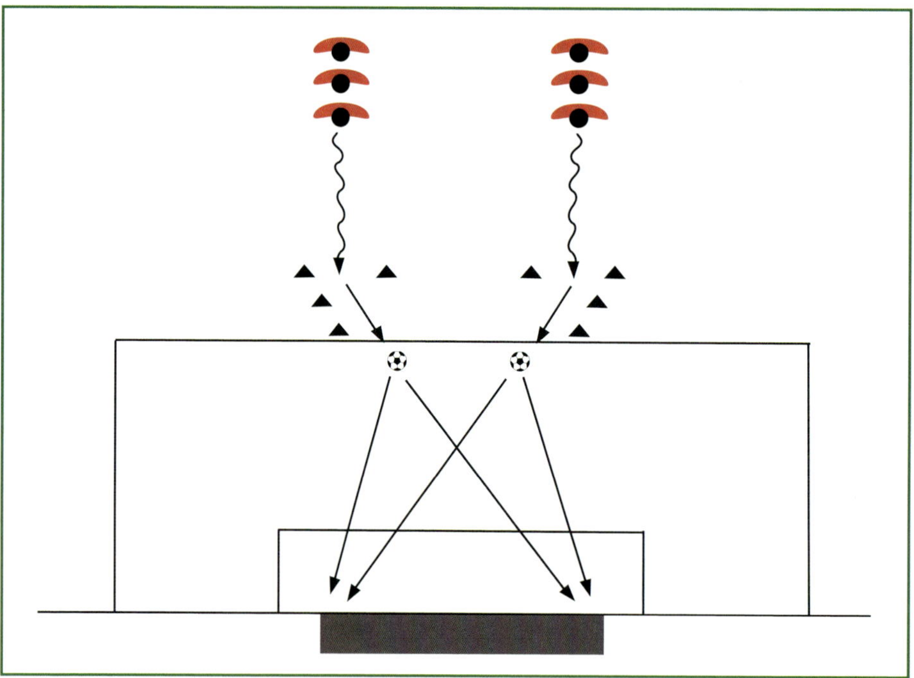

Abb. 60: Vollspannschuss am Tor nach Eigenvorlage

Die dritte Abschlussvariante, die zur Basisausbildung gehört und ebenfalls als Vollspannschuss ausgeführt wird, geht von einer Spielsituation aus, in der die Spielerin in hohem Tempo in Richtung Grundlinie dribbelt, dort eine schnelle Abkappbewegung durchführt und, entweder direkt oder nach erneutem Anschieben, den Ball mit dem Spann ins kurze (hohe) oder lange (flache) Eck schießt. Ein Trainingsablauf für diese Variante ist in Abb. 61 gezeigt. Auch diese Trainingsvariante wird von beiden Seiten abwechselnd durchgeführt, und idealerweise mit zwei Torhüterinnen.

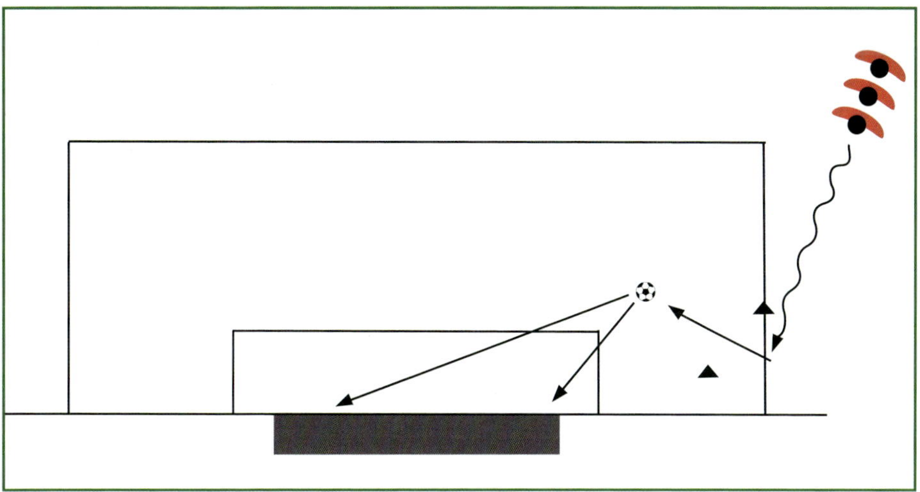

Abb. 61: Vollspannschuss nach Abkappbewegung mit Abschluss ins kurze oder lange Eck

3.7.4 FEHLERBILDER UND TIPPS FÜR DEN ABSCHLUSS MITTELS VOLLSPANNSCHUSS

An der Flugkurve kann man gut beobachten, wie der Ball getroffen wurde.

- Steigt der Ball stark an, dann wurde der Ball zu tief getroffen. Eventuell trifft die Spielerin den Ball auch nicht mit dem Spann, sondern öffnet die Hüfte und trifft den Ball mit der inneren Fußspitze (siehe Kap. 3.2.3.3).
- Macht der Ball eine Kurve nach innen, so wurde der Ball zu weit außen getroffen.
- Macht der Ball eine Kurve nach außen, so wurde der Ball zu weit innen getroffen.
- Bleibt der Schuss schwach, so liegt dies häufig an mangelnder Stabilität des Oberkörpers, der als Widerlager für das Schwungbein dient. Kippt der Oberkörper beim Schuss nach vorne, so fehlt dieses Widerlager und es wird nur wenig Energie auf den Ball übertragen.

3.8 FLANKEN UND DEREN VERARBEITUNG

Mit den bisher beschriebenen Techniken wie dem Vollspannschuss und der Technik für das Schlagen hoher Bälle haben die Spielerinnen nun die notwendigen technischen Voraussetzungen, um das Schlagen von Flanken zu beginnen. Ferner können diese Flanken nun auch verarbeitet werden, wobei diese, je nach Flughöhe, mit dem Kopf oder der Fußinnenseite direkt ins Tor gelenkt oder zuvor durch eine Oberkörperannahme kontrolliert werden.

3.9 ZWEIKAMPF UND KÖRPEREINSATZ

Tendenziell haben Mädchen, insbesondere in den unteren Jahrgängen, kein ausgeprägtes Streben nach Körperkontakt und Körpereinsatz. Insbesondere fällt es vielen Mädchen und Frauen schwer, die Arme im Zweikampf einzusetzen, um eine Gegnerin auf Abstand zu halten oder zu sperren. Die Zweikampfführung sollte deshalb bereits ab der U11 ein integraler Bestandteil der fußballerischen Ausbildung von Mädchen sein.

Der Zweikampf wird normalerweise von dem Wunsch geleitet, **unmittelbar** den Ball zu erobern. Von diesem Wunsch getrieben, versucht die angreifende Spielerin, deshalb direkt mit dem Fuß den Ball zu erreichen und streckt folglich den eigenen Fuß zwischen oder vor die Beine der ballführenden Spielerin. Dieses Überkreuzen der Beine der beiden Spielerinnen führt jedoch häufig zu Stürzen und/oder dass man der anderen Spielerin auf die Füße tritt. Auch steigt das Risiko für Verletzungen im Knöchel- und Kniebereich.

Um diese Schwierigkeiten zu umgehen, folgt das hier vorgestellte Zweikampfverhalten einem zweistufigen Konzept. Dies Konzept fordert, dass die Spielerin

- in einem ersten Schritt nur versucht, mithilfe des Oberkörpers und der Arme die Gegnerin vom Ball zu distanzieren und erst wenn dies erfolgreich vollzogen wurde,
- in einem zweiten Schritt die Ballkontrolle zu übernehmen.

Folgen die Spielerinnen diesem Zweikampfkonzept, so sinkt das beschriebene Verletzungsrisiko deutlich, ohne dass dadurch die Chance zur Balleroberung geschmälert würde.

Ferner behält die angreifende Spielerin die Kontrolle über den Angriff und kann diesen, falls notwendig, jederzeit beenden. Auf diese Weise kann die angreifende Spielerin das Risiko steuern, überlaufen zu werden und ihre Rolle in der Verteidigung zu verlieren.

Das zweistufige Zweikampfverhalten kann in folgendem **Trainingsgrundsatz** zusammengefasst werden:

Erst der Körper, dann der Fuß!

Voraussetzung für ein effektive Zweikampfführung nach dem oben genannten **Trainingsgrundsatz** ist, neben guter Beinkraft, ein stabiler Rumpf. Dies kann durch regelmäßiges Stabilisationstraining erzielt werden. Übungen hierfür sind im Internet einfach zu finden und auch in Kap. 4 beschrieben. Bekannte Elemente wie Unterarmstütz, seitlicher Unterarmstütz (beidseitig), Liegestütz und Übungen für die Rückenmuskulatur sind hierfür gut geeignet.

Auch wenn Fußballtraining ganz grundsätzlich von Spaß und Freude geprägt sein soll, so benötigen die Spielerinnen, insbesondere wenn es um Zweikämpfe geht, ein ausreichendes Maß an Aggression, um diese für sich entscheiden zu können. Neben den beschriebenen Trainingskonzepten stellt sich für den Trainer somit die zusätzliche Aufgabe, die notwendige Aggression einzufordern.

3.9.1 ZWEIKAMPFTRAINING OHNE BALL

In einem ersten Schritt lernen die Spielerinnen, ihren Körper einzusetzen und eine Gegnerin unter Einsatz von Schultern, Armen und Beinen aus der Bahn zu schieben. Ein Ball ist hierfür nicht erforderlich.

Schiebeübung 1

Die Spielerinnen stehen zu zweit an einem ersten Hütchen, Schulter an Schulter, Ellbogen an Ellbogen, Unterarm an Unterarm (Abb. 62).

Ein zweites Hütchen steht in gerader Linie vor ihnen, Abstand circa 5-8 Meter.

Auf Kommando gehen die beiden Spielerinnen in ein Laufduell und versuchen, sich gegenseitig über die gedachte Linie zwischen den Hütchen zu schieben. Der Trainer steht am Ende der Hütchenbahn und feuert intensiv an. Es ist wichtig, darauf zu achten, dass die Spielerinnen zum einen das Tempo der jeweiligen Mitspielerin halten und zum anderen der Körperkontakt bestehen bleibt. Die Spielerinnen müssen realisieren, dass es sich bei dieser Übung nicht um ein Sprintduell, sondern um eine Schiebeübung für den Zweikampf handelt.

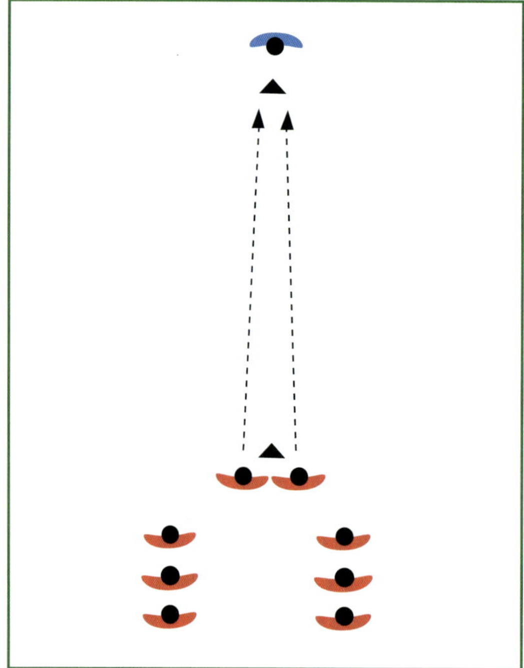

Abb. 62: Zweikampf (Vorübung) – Schiebeübung mit Körperkontakt von Beginn an

Schiebeübung 2

In einer Steigerung dieser Vorübung lässt man die Spielerinnen mit einem kleinen Abstand zueinander, also ohne Körperberührung, aufeinander zulaufen (Abb. 63). Die Spielerinnen müssen also den Körperkontakt erst herstellen, bevor sie schieben können. Es ist hierbei entscheidend, dass die Spielerinnen lernen, „gefühlvoll" und mit einem geeigneten Timing, den Körperkontakt herzustellen und erst dann Druck aufzubauen. Ein Stoßen ist nicht zielführend, da es im Spiel in der Regel als Foul abgepfiffen wird.

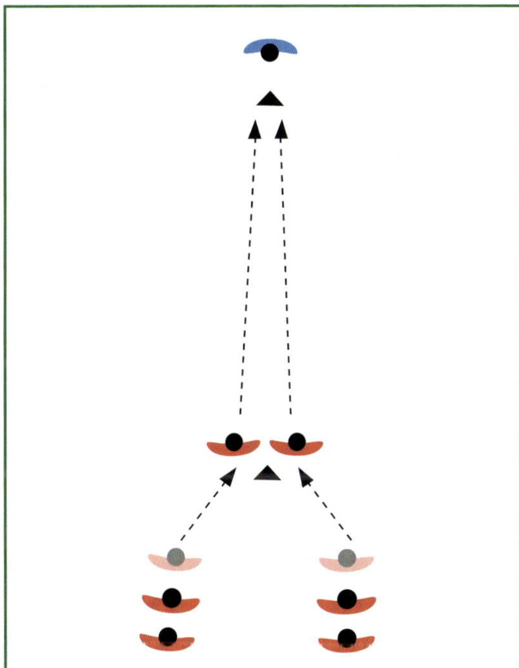

Abb. 63: Zweikampf (Vorübung) – Schiebeübung mit Herstellung des Körperkontakts

Luftkampf

In einer dritten Vorübung lernen die Spielerinnen die Körperberührung und den Zweikampf mit einem gewissen Abstand zueinander und in der Luft. Die Spielerinnen stehen zu zweit rechts und links neben einem ersten Hütchenpaar (Abb. 64). Auf Kommando laufen beide Spielerinnen los bis zu einem ersten Einzelhütchen. Dort springen sie hoch und versuchen, sich gegenseitig mit der Schulter/Körper aus der Bahn zu schieben bzw. in der Luft zu destabilisieren. Nach der Landung laufen sie auseinander zum nächsten Hütchenpaar und anschließend zum nächsten Einzelhütchen. Dort wiederholt sich die Sprungübung. Nach einer dritten Sprungaktion laufen die Spielerinnen noch einige Meter aus, kreuzen auf die andere Seite und stellen sich wieder am ersten Hütchen an.

Wichtig ist, die Spielerinnen aufzufordern, immer auf eine saubere und stabile Landung zu achten. Die Füße dürfen sich nicht berühren. Sollte eine Spielerin spüren, dass sie auf dem Fuß ihrer Mitspielerin landet, so soll sie sich sofort abrollen, um ein Umknicken im Fußgelenk zu vermeiden.

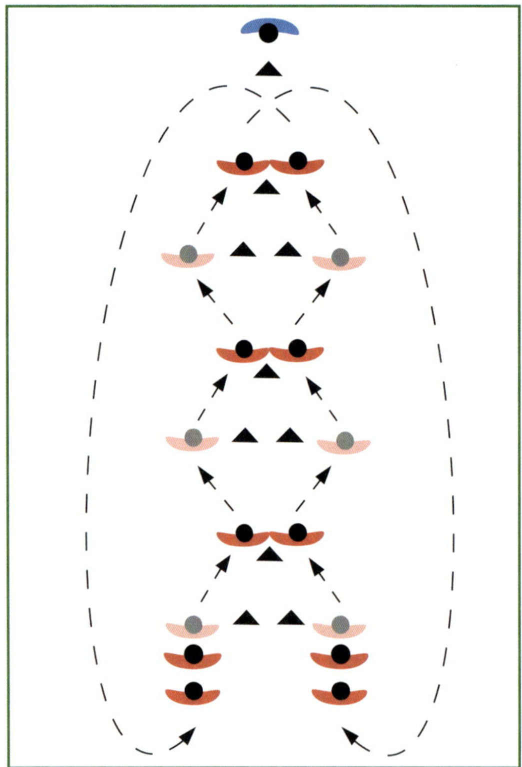

Abb. 64: Zweikampfübung – Anspringen Schulter an Schulter

3.9.2 ZWEIKAMPFTRAINING MIT BALL

Haben die Spielerinnen erste Erfahrungen mit dem Einsetzen ihres Körpers gesammelt, dann geht man zu Übungen mit Ball über. Übungen, bei denen ein Tor erzielt werden kann, sind besonders erfolgreich, da hier der Wettkampftrieb angesprochen wird (Abb. 65).

Zweikampf und Abschluss auf Minitore

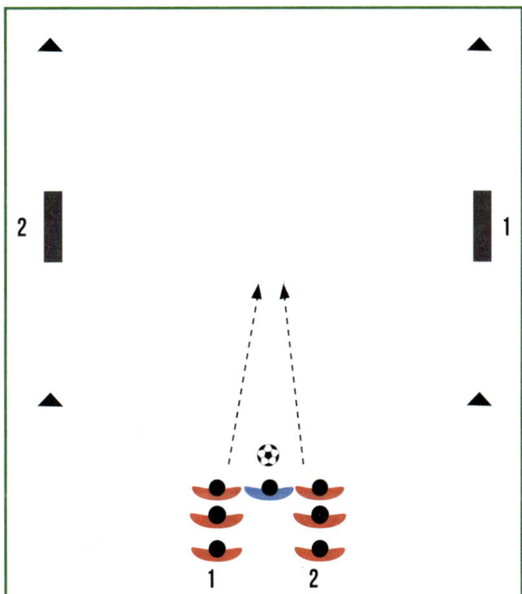

Abb. 65: Zweikampfführung – Übung mit Minitoren

Aufbau

Ein Spielfeld von circa 10 x 10 Metern Größe mit gegenüberstehenden Minitoren (1, 2) aufbauen.

Der Trainer steht etwas außerhalb der Seitenauslinie in der Mitte des Spielfelds und hat den Ball.

Die Spielerinnen stehen rechts und links vom Trainer.

Die Spielerinnen in Reihe 1 wollen auf Tor 1 schießen, die Spielerinnen in Reihe 2 auf Tor 2. Da sich die Laufwege kreuzen, wird ein Zweikampf erzwungen.

Wenn die beiden ersten Spielerinnen bereit sind, dann rollt oder spielt der Trainer den Ball ins Spielfeld, woraufhin die Spielerinnen in ein Laufduell gehen, um den Ball zu erobern. Hat eine Spielerin den Ball erobert, dann geht sie in den Angriffsmodus, während die zweite Spielerin versucht, ihr Tor zu verteidigen.

Entscheidend bei dieser Übung ist, dass die Spielerinnen systematisch das grundlegende Zweikampfkonzept „Erst der Körper, dann den Fuß" umsetzen. Das Stochern mit den Beinen muss wegen der Verletzungsgefahr unbedingt vermieden werden.

Da alle Spielerinnen zuschauen, sind ideale Voraussetzungen für den Trainer gegeben, gelungene Aktionen, in denen dieser Grundsatz umgesetzt wurde, von jenen, in denen dies nicht der Fall war, zu unterscheiden und zu loben bzw. zu kritisieren.

Durch intensives Coaching kann der Einsatz der Arme sowohl im Laufduell als auch bei der Ballbehauptung und in der Vorbereitung für den Abschluss gefördert werden.

Diese Übung kann mit hohem Tempo durchgeführt werden. Gegebenenfalls ist es möglich, ein zweites Spielerinnenpaar in die Aktion zu schicken, bevor das erste Paar seine Aktion beendet hat. Es geht hierbei um viele schnelle Aktionen. Wenn der Abschluss nicht zügig erfolgt, dann wird die Aktion abgebrochen und das nächste Paar startet. Ein Weggrätschen oder Wegschlagen des Balls sollte unterbunden werden, da dies dem Übungsziel nicht entspricht.

Zur Steigerung kann man auch halbhohe und hohe Bälle einwerfen, sodass die Ballannahme mit dem Oberkörper und das Abschirmen des Balls mit dem Körper auch in diesen Situationen trainiert werden kann. Die Spielerinnen sollten auch in dieser Übung aufgefordert werden, intensiv mit den Armen zu arbeiten, um die Gegenspielerin im Rücken zu fixieren und Raum für den Abschluss zu schaffen.

Hütchenlauf mit Gegenspielerin

Mit dieser Übung sollen die Spielerinnen lernen, auf die Attacke einer Gegnerin zu reagieren, den Ball stets mit dem gegnerfernen Fuß zu führen und die Gegnerin mit den Armen zu kontrollieren (ohne Abb.).

Aufbau

Für 5-6 Spielerinnenpaare werden in einem Spielfeld 10-15 Pylone oder Hütchen in zufälliger Weise, jedoch mit ausreichend Abstand voneinander (mindestens fünf Meter), aufgestellt.

Je zwei Spielerinnen bilden ein Paar. Eine hat den Ball.

Alle Spielerinnenpaare stehen am Spielfeldrand. Auf Kommando dribbeln die ballführenden Spielerinnen ins Spielfeld und versuchen, möglichst viele Pylone zu umdribbeln.

Die zweite Spielerin attackiert jeweils von der Seite und versucht, den Ball zu erobern.

Die ballführende Spielerin soll

- diese Attacken mit den Armen erspüren;
- den Ball stets mit dem gegnerfernen Fuß führen und
- mit Geschwindigkeits- und Richtungsänderungen die Attacken erschweren.

Die ballführende Spielerin zählt dabei die umlaufenen Pylonen.

Nach einer gewissen Zeit (z. B. 30 Sekunden) endet die Übung. Die Spielerinnen mit den wenigsten umlaufenen Hütchen/Pylonen müssen eventuell einige Liegestütze machen. Wer den Ball verloren hat, muss einige mehr absolvieren. Dann wechselt die ballführende Spielerin und anschließend werden auch die Paare gewechselt.

3.10 ÜBUNGSFORM – DER „KREIS DER UNENDLICHEN MÖGLICHKEITEN“

Techniktraining im Fußball ist bei den Spielerinnen meist nicht sonderlich beliebt, da es aufgrund der notwendigen Wiederholungen als eintönig empfunden wird. Häufig wird Techniktraining in Zweier- oder Kleingruppen durchgeführt. Für Großfeldmannschaften bedeutet dies, dass ein effektives Coaching nur eingeschränkt möglich ist, da es schwer möglich ist, sechs oder mehr Kleingruppen bzw. 10 oder mehr Spielerinnenpaare gleichzeitig zu beobachten und zu coachen.

Als Alternative wird hier eine Trainingsform vorgestellt, die es selbst einem Einzeltrainer erlaubt, Techniktraining auch mit einer kompletten Großfeldmannschaft in einer Weise durchzuführen, sodass alle Spielerinnen beobachtet und gecoacht werden können. Auch ist es leicht möglich, die Intensität so anzupassen, dass keine Langeweile aufkommt.

Die als „Kreis der unendlichen Möglichkeiten" bezeichnete Übungsform kann bereits zum Aufwärmen eingesetzt werden und kombiniert auf diese Weise das Aufwärmen mit, je nach Wunsch, Passtraining, Zweikampftraining und auch hohen Bällen. Setzt man überdies noch mehrere Bälle gleichzeitig ein, so wird, ganz nebenbei, auch die periphere Wahrnehmung und die Kommunikation trainiert.

Selbstverständlich sind für Anfänger isolierte Technikeinheiten effektiver. Sobald jedoch ein gewisses Niveau erreicht ist, kann man mit den hier beschriebenen Übungen anfangen.

3.10.1 DER KLEINE KREIS

Diese erste Übungsform lässt sich hervorragend als Aufwärmform und zum Einspielen nutzen. Die Spielerinnen haben in kurzer Zeit sehr viele Ballkontakte und kommen zügig körperlich wie geistig auf Tempo.

In der Übungsform „kleiner Kreis" stehen die Spielerinnen recht nah, maximal mit Armeslänge Abstand, nebeneinander im Kreis. Ideal sind etwa 8-15 Spielerinnen, es können aber auch mehr sein. Es sollten ausreichend Bälle bereitgelegt sein, damit die Übung bei Ballverlust sofort weitergeführt werden kann.

Voraussetzung ist, dass die Spielerinnen die Konzepte des Passspiels über den Außenfuß, die notwendige Körperdrehung und den Klatschball zumindest in Grundzügen beherrschen.

In der einfachsten Form (Abb. 66) steht der Trainer im Zentrum. Der Ball wird nun direkt, das heißt, mit nur einem Kontakt, von einer zur anderen Spielerin gepasst.

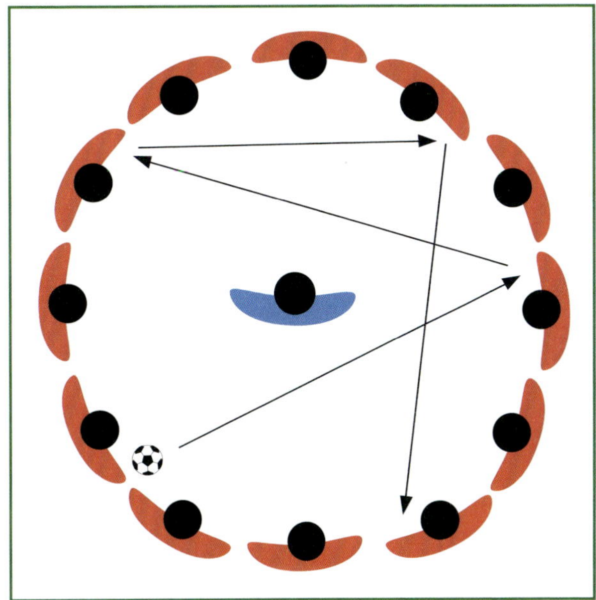

Abb. 66: Trainingsform „Der kleine Kreis"

Die Spielregeln für die Spielerinnen lauten wie folgt:

- Der Ball darf nur mit einem Kontakt gespielt werden.
- Der Ball darf nur mit dem Außenfuß gespielt werden. Der Körper muss also so gedreht werden, dass die gewünschte Richtungsänderung erzielt wird.
- Die Spielerinnen müssen mit dem jeweils angespielten Fuß spielen.
- Nur flache Bälle sind erlaubt.

Als Trainer sollte man auf folgende Punkte achten:

- Wird über den Außenfuß gespielt und wird hierfür der Körper ausreichend gedreht?
- Sind die Spielerinnen auf Spannung (leichte und federnde Bewegungen aus den Knien, Fersen sind entlastet)?
- Wird die Grundregel „Pass nach rechts mit dem rechten Fuß, Pass nach links mit dem linken Fuß" beachtet?

- Werden ordentliche Klatschbälle gespielt (flach, genau, saubere Technik)?
    - » Ist die Fußspitze hoch und die Ferse tief?
    - » Steht das Standbein nah an der Balllinie?
    - » Bleibt der Klatschfuß in der Luft?
    - » Wird der Ball mittig getroffen?

Die Spielerinnen haben die Aufgabe, die Geschwindigkeit des Klatschballs so zu kontrollieren, dass auch die nachfolgende Spielerin den Ball sauber kontrollieren und weiterleiten kann.

Diese Übung kann gesteigert werden, indem eine Balljägerin in die Mitte des Kreises geschickt wird. Es macht auch Spaß, wenn im Zentrum zwei Spielerinnen den Ball jagen, während sie sich an den Händen halten. Hierzu muss, je nach Anzahl der Spielerinnen, der Kreis eventuell etwas vergrößert werden.

Falls diese Spielform in zwei Kreisen durchgeführt wird, so kann mit 3-4 Pylonen in der Mitte ein Hindernis aufgestellt werden, das anstelle des Trainers umspielt werden muss. Der Trainer kann auf diese Weise von der einen zur anderen Gruppe wechseln, ohne dass sich die Trainingsform in ihren Grundzügen ändert.

In den ersten Einheiten wird das Passspiel noch recht langsam sein, sodass sich der Trainer mit dem Lauf des Balls mitdrehen kann. Im Laufe der Zeit sollte das Tempo sowie die Qualität des Spiels so schnell werden, dass dies schlussendlich nicht mehr möglich ist. In jedem Fall hat der Trainer die Möglichkeit, sämtliche Spielerinnen genau zu beobachten und sie nach Bedarf zu coachen.

Körperstellung, Klatschbälle und das Passspiel über den Außenfuß werden hier intensiv trainiert.

3.10.2 DER GROSSE KREIS

Der große Kreis bietet sich als Trainingsform an, um lange Pässe, Pässe mit dem Vollspann und vielerlei Technikelemente kombiniert mit einer Laufeinheit zu trainieren. Der Abstand zwischen den im Kreis stehenden Spielerinnen beträgt, je nach gewünschter Intensität, 5-15 Meter.

Da es sich um große Abstände zwischen den Spielerinnen handelt, kann mit 3-4 Bällen gleichzeitig gespielt werden. Dies schult die Konzentration ebenso wie die Wahrnehmungsfähigkeit der Spielerinnen. Kommunikation ist ebenfalls von großer Wichtigkeit. Die Spielerinnen müssen sich mit lauten Kommandos anrufen, bevor ein Pass gespielt werden darf. Hier kann man als Trainer Vorgaben machen, wie dies geschehen soll. Zum Beispiel:

- Die ballführende Spielerin ruft eine im Kreis stehende Spielerin und passt den Ball nach Bestätigung.
- Eine im Kreis stehende Spielerin ruft die ballführende Spielerin mit deren Namen, um den Ball zu erhalten.
- Eine Spielerin im Kreis zeigt nur durch Handzeichen und Blickkontakt an, dass sie den Ball haben möchte.

Wie auch beim kleinen Kreis steht der Trainer mit einigen Bällen (6-8) im Zentrum und kann somit sowohl alle Spielerinnen beobachten, als auch die Vorgaben für die jeweilige Übung machen bzw. coachend eingreifen.

ÜBUNG 1: BALLANNAHME, ANSCHIEBEN, SCHARFER PASS

Bei dieser Übung (Abb. 67) startet Spielerin 1, schiebt den Ball mit zwei Kontakten an, ruft Spielerin 2 im Kreis, diese bestätigt, woraufhin Spielerin 1 einen scharfen Pass zu Spielerin 2 spielt.

Spielerin 2 stoppt den Ball (erster Kontakt) und beginnt nun ihrerseits, den Ball mit zwei Kontakten anzuschieben, ruft eine Spielerin 3 im Kreis etc. Währenddessen nimmt Spielerin 1 den Platz von Spielerin 2 ein. Bei dieser Übung können 3-4 Bälle, je nach Gruppengrösse, gleichzeitig eingesetzt werden.

Diese einfache Übung kann durch eine Vielzahl von Varianten verändert werden.

Zum Beispiel:

- Wird der Ball mit rechts kontrolliert, so muss der lange Pass mit links gespielt werden und umgekehrt.
- Die ballempfangende Spielerin muss dem Ball entgegenstarten.
- Die ballempfangende Spielerin muss eine Körpertäuschung nach außen (Gegenbewegung) durchführen, bevor sie dem Ball entgegenstartet.
- Der lange Pass darf nur mit dem linken oder nur mit dem rechten Fuß gespielt werden.
- Der Ball darf nur mit einem Kontakt angeschoben werden (insgesamt sind nur zwei Kontakte erlaubt).
- usw.

Mit kleinen Sanktionen für Fehler kann die notwendige Aufmerksamkeit und damit die Intensität gesteigert werden.

Zum Beispiel:

- Stoßen zwei Spielerinnen zusammen, dann müssen beide je drei Liegestütze machen.
- Stoßen zwei Bälle zusammen, dann müssen drei Liegestütze von jeder beteiligten Spielerin ausgeführt werden.
- Wird der Trainer in der Mitte getroffen, dann müssen fünf Liegestütze von jeder beteiligten Spielerin ausgeführt werden.

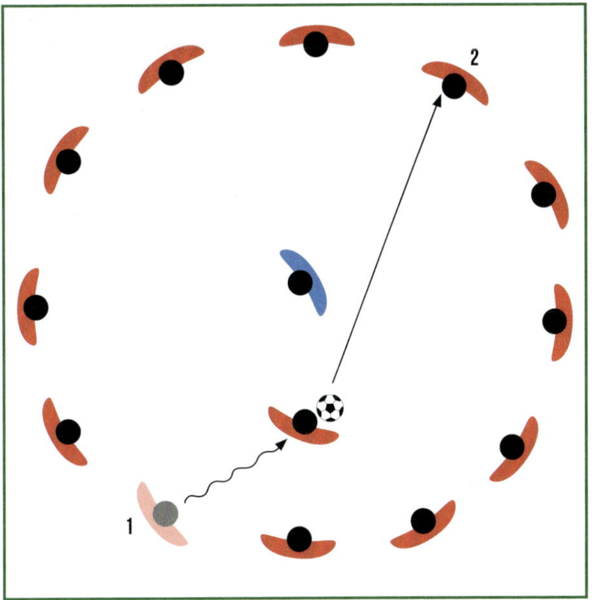

Abb. 67: Übung 1 – Ballannahme, Anschieben, scharfer Pass, maximal drei Kontakte

ÜBUNG 2: BALLANNAHME, ANSCHIEBEN, TRICK MIT RICHTUNGSÄNDERUNG, RUFEN UND PASS

Diese Übung wird im Grunde in gleicher Weise durchgeführt wie Übung 1, unterscheidet sich jedoch darin, dass die ballführende Spielerin im Anschluss an die Ballkontrolle und einem ersten Anschieben einen Trick durchführen und eine deutliche Richtungsänderung einleiten muss (Abb. 68). Die Tricks können vorgegeben oder frei gewählt werden. Typische Tricks sind der Übersteiger, die Körpertäuschung oder die Schere.

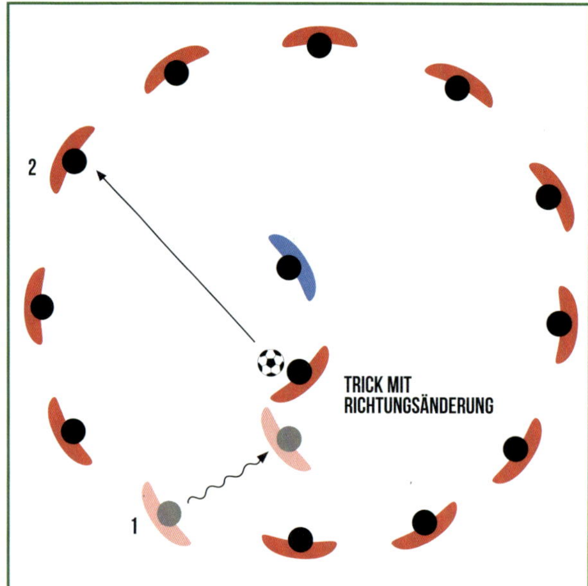

Abb. 68: Übung 2 - Ballannahme, Anschieben, Trick mit Richtungsänderung, Rufen und Pass

ÜBUNG 3: KLATSCHBALL ZUM NACHBARN, ANSCHIEBEN UND PASS

Bei dieser Übung geht es darum, dass die ballempfangende Spielerin mit ihren Nachbarinnen kommuniziert und den Ball, statt ihn zu kontrollieren, wie in den Übungen 1 und 2, auf eine ihrer beiden Nachbarinnen so klatschen lässt, dass diese in den Ball hineinlaufen und ihn mitnehmen kann (Abb. 69).

Ablauf

- Spielerin 1 schiebt den Ball an, ruft Spielerin 2 und spielt auf Bestätigung einen scharfen Pass auf Spielerin 2.

- Spielerin 2 ruft Spielerin 3 und lässt den Ball mit dem Außenfuß so in den Laufweg von Spielerin 3 klatschen, dass diese den Ball, wiederum mit dem Außenfuß, kontrollieren und ihrerseits nun anschieben kann. Spielerin 1 übernimmt den Platz von Spielerin 3.

Entscheidend für einen guten Ablauf der Übung sind:

- klare und deutliche Kommunikation zwischen der ballführenden Spielerin 1 und der ballempfangenden Spielerin 2;
- klare und deutliche Kommunikation zwischen der den Ball empfangenden Spielerin 2 und ihrer Nachbarin 3;
- Körperdrehung der ballempfangenden und klatschenden Spielerin 2, um den Klatschball mit dem Außenfuß technisch sauber spielen zu können;
- Ballmitnahme durch Spielerin 3 mit dem Außenfuß und in der Bewegung;
- Klatschbälle nach rechts wie nach links.

Wichtig ist ferner, dass Spielerin 3 nicht zu früh startet. Dies kann dadurch gefördert werden, dass sie zunächst eine Körpertäuschung nach außen (Gegenbewegung) andeutet.

Da bei dieser Übung jeweils drei Spielerinnen aktiv sind, können hier nur maximal 2-3 Bälle gleichzeitig eingesetzt werden, damit ausreichend Nachbarinnen da sind, auf die Bälle abgelegt werden können.

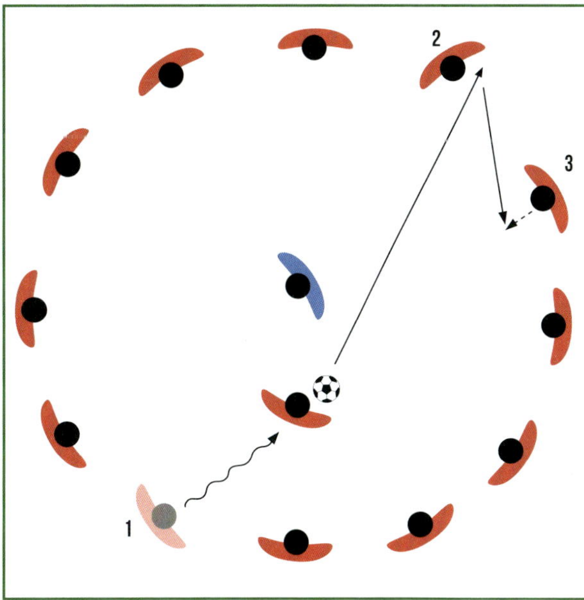

Abb. 69: Übung 3 – Klatschball zum Nachbarn, Anschieben und Pass

ÜBUNG 4: KLATSCHBALL UND ABLEGEN ZUR BALLMITNAHME

Diese Übung beginnt, im Grunde, wie Übung 1. Spielerin 1 dribbelt mit dem Ball in Richtung Zentrum, ruft eine Spielerin 2 und spielt auf diese einen scharfen Pass (Abb. 67). Spielerin 2 klatscht den Ball nun zu Spielerin 1 zurück, während diese in Passrichtung weitergelaufen ist (Abb. 70). Mit diesem Klatschball beginnt Spielerin 2 sofort einen Antritt nach rechts oder nach links. Spielerin 1 hat nun die Aufgabe, sich in eine Körperposition zu bringen, dass sie den Ball in den Lauf von Spielerin 2 legen kann, sodass diese den Ball sofort mit dem Außenfuß kontrollieren und mitnehmen kann (Abb. 71). Spielerin 1 nimmt daraufhin die Position der ballempfangenden Spielerin 2 im großen Kreis ein.

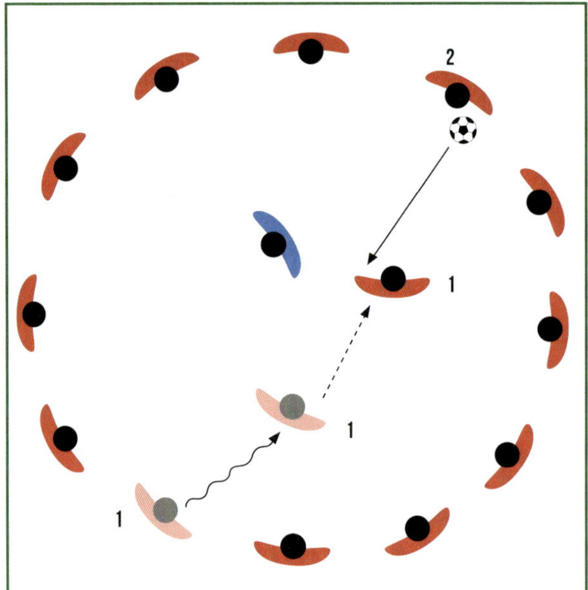

Abb. 70: Übung 4 - Teil 1 - Klatschball und Ablegen zur Ballmitnahme

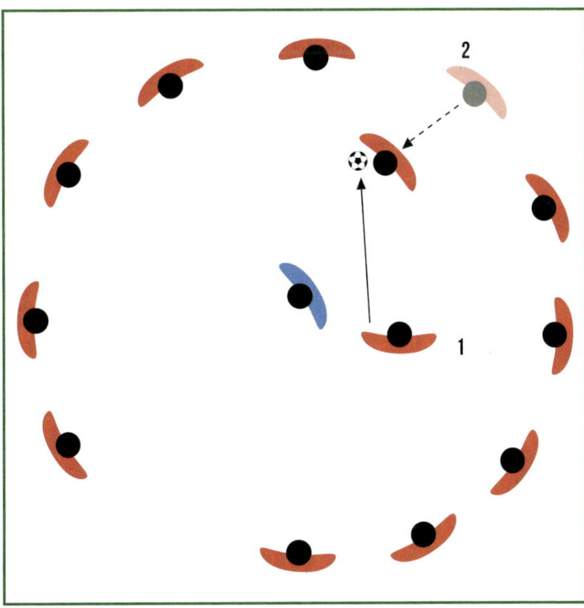

Abb. 71: Übung 4 – Teil 2 – Klatschball und Ablegen zur Ballmitnahme

Entscheidend für den Erfolg dieser Übung ist ein hohes Maß an Konzentration und eine exzellente Kommunikation. Insbesondere muss die ballempfangende Spielerin 2 klar anzeigen, vorzugsweise mit der Hand, in welche Richtung sie antreten wird. Auch die Körperstellung bei den Klatschbällen ist, wie schon mehrfach gesagt, entscheidend für deren Qualität.

Erfolgt der Pass von Spielerin 1 auf Spielerin 2 erst spät, dann muss Spielerin 1 flexibel reagieren und ihre Laufbewegung reduzieren oder auch völlig einstellen, um den Abstand zu Spielerin 2 nicht zu klein zu machen (z. B. unter fünf Meter). Sanktionen für „Zwei-Meter-Pässe", also Doppelpassaktionen auf engstem Raum, können gegebenenfalls in Betracht gezogen werden.

ÜBUNG 5: ANGRIFF VON ZWEI SEITEN

Bei dieser Übung wird in intensiver Weise die Ballkontrolle, der Antritt und die clevere Ballbehauptung unter massivem Gegnerdruck geübt (Abb. 72). Da bei jeder Aktion insgesamt vier Spielerinnen in Bewegung sind, kann diese Übung in der Regel nur mit maximal zwei Bällen gleichzeitig gespielt werden. Nur in ganz großen Gruppen können eventuell auch drei Bälle eingesetzt werden.

Der Auftakt dieser Übung gleicht der von Übung 1. Spielerin 1 hat den Ball, dribbelt an, ruft eine Mitspielerin 2 und spielt auf diese einen scharfen Pass. In diesem Moment startet Spielerin 2 dem Ball entgegen und bringt diesen unter Kontrolle. Gleichzeitig starten die beiden Spielerinnen rechts und links von Spielerin 2 und setzen diese unter Druck (Abb. 72).

Spielerin 2 hat nun die Aufgabe, sich dieser Angriffe zu erwehren. Sie kann, beispielsweise, in den Sprint gehen, die Angreiferinnen hinter sich lassen und die nächste Aktion einleiten (Option 1). Alternativ kann sie den Ball stoppen, abdrehen, eventuell unter Zuhilfenahme eines Tricks, um die beiden Angreiferinnen ins Leere laufen lassen (Option 2), um nun die nächste Aktion einzuleiten, also den Ball in die Tiefe zu spielen. Selbstverständlich besteht auch die Möglichkeit, dass eine der angreifenden Spielerinnen den Ball erobert (Option 3). In diesem Fall leitet diese Spielerin mit einem Pass in die Tiefe die nächste Aktion ein.

Sobald die Aktion vorüber ist, kehren alle Spielerinnen in den Kreis zurück. Nur Spielerin 1 wechselt auf die Position derjenigen Spielerin, die im Zweikampf den Ball behauptet und die nächste Aktion einleitet, also den nächsten tiefen Pass spielt.

Wichtig bei dieser Übung ist, dass die ballführende Spielerin sich auch mithilfe der Arme Raum verschafft und die Angreiferinnen auf Abstand hält. Konzentration und Antritt sind in dieser Übung ganz entscheidend. Der Grundsatz der Zweikampfführung „Erst der Körper, dann der Fuß" muss unbedingt eingehalten werden. Dies schützt alle beteiligten Spielerinnen vor Verletzungen.

Es wird immer wieder vorkommen, dass eine ballempfangende Spielerin 2 nur eine Nachbarin hat, die den Angriff starten kann. Dies ändert nichts am Ablauf der Übung. Aufgabe ist es, dass die ballempfangende Spielerin 2 sich immer ihrer Umgebung bewusst ist und somit die beste Lösung wählt. Im genannten Fall ist dies, offensichtlich, eine Laufrichtung einzuschlagen, in der sie mithilfe ihres Körpers den Ball vor der Angreiferin schützt.

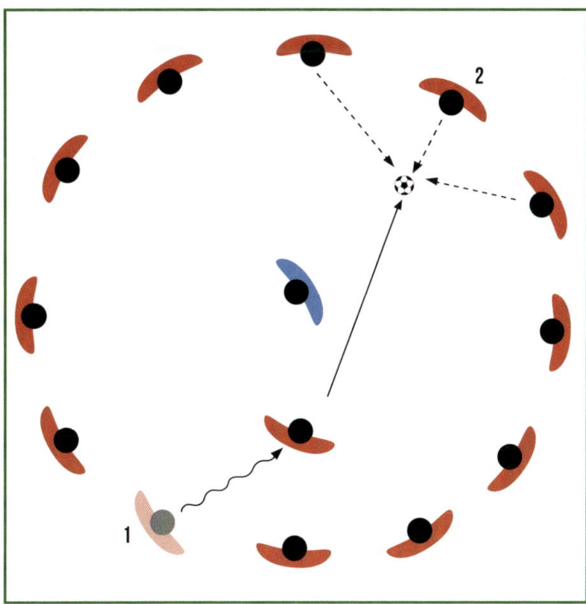

Abb. 72: Übung 5 – Ballbehauptung bei Angriff von zwei Seiten

ÜBUNG 6: SCHARFER PASS MIT VOLLSPANN

Diese Übung ist im Grunde identisch mit Übung 1. In dieser Variante wird der Kreis jedoch noch etwas größer gemacht und der scharfe Pass wird mit dem Spann geschlagen. Diese Übung eignet sich sehr gut, um das Spiel mit dem Spann zu verfeinern (ohne Abb.).

Gelingt es den Spielerinnen, diese Pässe hart, präzise und flach zu spielen, so eröffnet dies völlig neue Varianten im Spiel, da sich das Tempo der Spielverlagerung, zum Beispiel in der Abwehrreihe, deutlich beschleunigt. Ebenso werden Steilpässe in schmalere Lücken möglich, da die Reaktionszeit für die verteidigende Mannschaft aufgrund der hohen Ballgeschwindigkeit deutlich abnimmt. Es lohnt sich also, diese Übung einzusetzen und intensiv zu trainieren.

ÜBUNG 7: EINWURF UND ANNAHME MIT DEM OBERKÖRPER

Die letzte hier vorgestellte Übung erlaubt es, in einer spielnahen Übungsform Einwürfe und die Ballverarbeitung mit dem Oberkörper, gefolgt von Ballkontrolle und einem Pass, zu üben (Abb. 73).

Teil 1 diese Übung entspricht der Grundform, wie in Übung 1 gezeigt. Die ballempfangende Spielerin 2 nimmt jetzt jedoch den Ball mit den Händen auf, während Spielerin 1 in einem geeigneten Abstand stehen bleibt und auf den hohen Ball wartet.

Je nach Vermögen der Spielerinnen kann die ballempfangende Spielerin 2 nun den Ball von unten oder eben als richtigen Einwurf auf Spielerin 1 werfen. Spielerin 1 hat die Aufgabe, den Ball aus der Luft zu verarbeiten. Vorzugsweise soll dies mit dem Oberkörper oder mit dem Oberschenkel/Bauch erfolgen, sodass der Ball anschließend mit dem Fuß kontrolliert und zur Spielerin 2 gepasst werden kann. Diese leitet nun, mit einem tiefen Pass auf eine andere Spielerin im Kreis, die nächste Aktion ein.

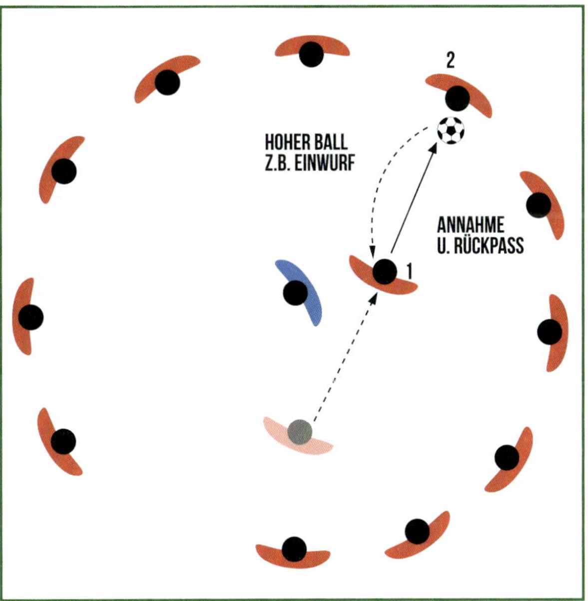

Abb. 73: Übung 7 – Verarbeitung von hohen Bällen

4

COOL-DOWN ZUR VERLETZUNGSPROPHYLAXE UND ZUR STABILISATION

Stabilisationstraining gehört inzwischen zum Standardrepertoire im leistungsorientierten Fußballtraining. Es ist empfehlenswert, zum Abschluss jeder Trainingseinheit eine Ausdehnrunde, kombiniert mit einigen Stabilisationselementen, durchzuführen. Diese Cool-down-Einheit beansprucht, je nach Ausgestaltung, 10-12 Minuten und kann, da nur wenig Platz beansprucht wird, selbst dann durchgeführt werden, wenn eine nachfolgende Mannschaft bereits auf den Platz drängt und sich aufwärmt. Die Erfahrung zeigt, dass die Spielerinnen auf diese Weise schnell an Rumpfmuskulatur zulegen und sich, insbesondere im Zweikampf, besser behaupten. Das intensive Ausdehnen nach dem Training hat muskuläre Verletzungen in den Mannschaften des Autors nahezu beseitigt.

Cool-down-Runde

Die Cool-down-Runde wird im großen Kreis mit allen Spielerinnen durchgeführt. Der Abstand zwischen den Spielerinnen beträgt etwa Armeslänge. Den Ablauf kann man recht frei wählen, er sollte jedoch in jedem Fall eine statische Dehnung der vorderen sowie der hinteren Muskelkette der Beine und einige Stabilisationselemente umfassen.

Folgende Abfolge hat sich bewährt (Abb. 74a-o):

Dehnung

- Halbe Rumpfbeuge (Dehnung der hinteren Kette; circa 25 Sekunden);
- ganze Rumpfbeuge (Dehnung der hinteren Kette; circa 25 Sekunden);
- Übergang in den „herabschauenden Hund" (Dehnung der hinteren Kette; circa 25 Sekunden);
- rechter Fuß über den linken Fuß (Dehnung der Wade; circa 25 Sekunden);
- linker Fuß über den rechten Fuß (Dehnung der Wade; circa 25 Sekunden).

Übergang ins Stabilisationstraining

- Liegestütz (je nach Stand der Mannschaft 5-20-mal);
- „herabschauender Hund" (zum Ausruhen, circa 10 Sekunden);
- Seitarmstütz, rechts (je nach Stand der Mannschaft mit oder ohne Erschwerung; circa 25 Sekunden);
- Seitarmstütz, links (je nach Stand der Mannschaft mit oder ohne Erschwerung; circa 25 Sekunden);
- Unterarmstütz (je nach Stand der Mannschaft mit oder ohne Erschwerung; circa 25 Sekunden);
- Rückentraining (Arme und Beine hoch; je nach Stand der Mannschaft mit oder ohne Erschwerung; circa 25 Sekunden);
- „herabschauender Hund" (zum Ausruhen, circa 10 Sekunden).

Übergang ins Dehnen

- Liegestützposition, dann den rechten Fuß zur rechten Hand führen (Dehnung der vorderen Kette links; circa 25 Sekunden);
- Liegestützposition, dann den linken Fuß zur linken Hand führen (Dehnung der vorderen Kette links; circa 25 Sekunden);

Abschluss

- Liegestütz (je nach Stand der Mannschaft nochmals 4-10-mal);
- Übergang in den „herabschauenden Hund" (zum Ausruhen, circa 10 Sekunden);
- Aufrichten und mit gemeinsamem Applaus die Cool-down-Runde beenden.

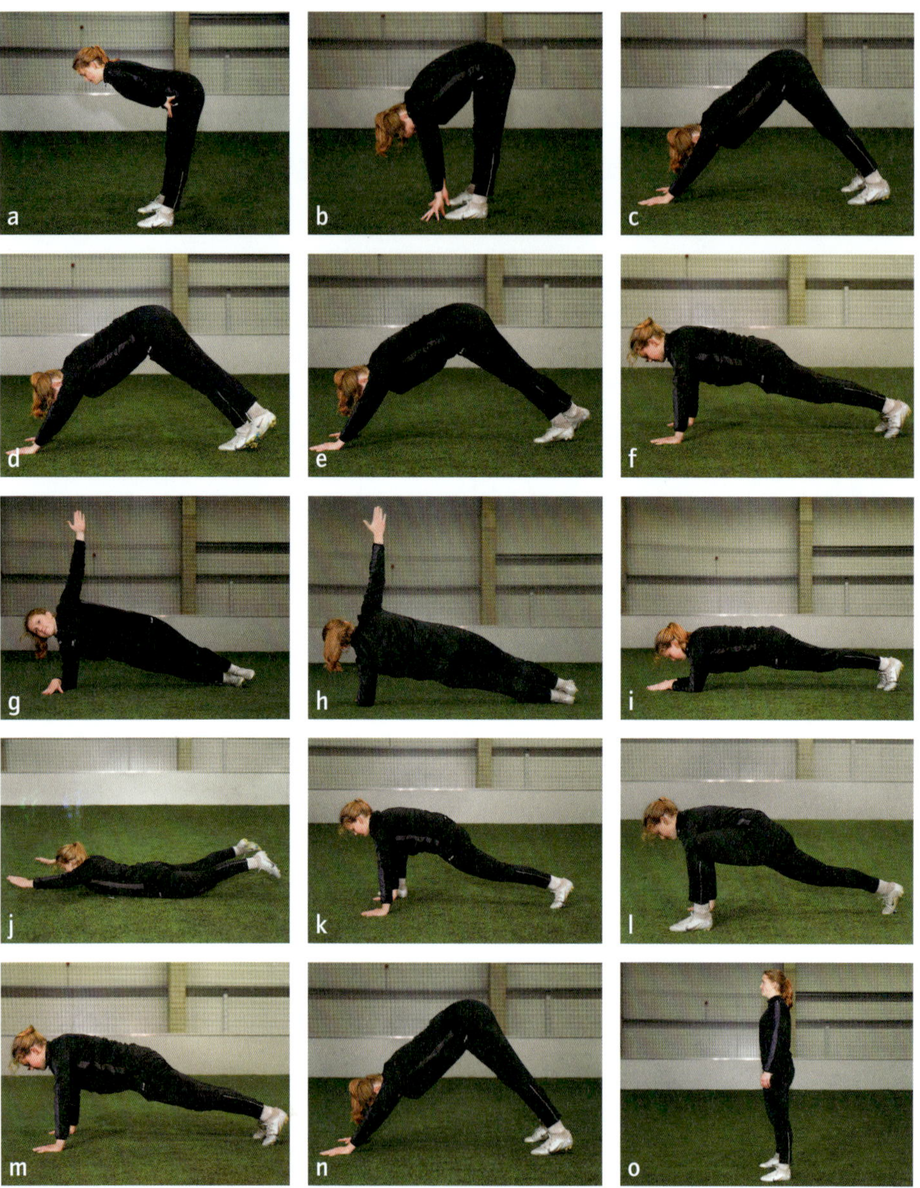

Abb. 74a-o: Cool-down – Stabi- und Ausdehnrunde

Im Anschluss an diese Stabi- und Ausdehnrunde gibt es noch ein kurzes Feedback zum Training, bevor die Spielerinnen entlassen werden.

Selbstverständlich stellt die beschriebene Cool-down-Runde nur einen Vorschlag dar. Sowohl die Stabilisationselemente als auch die Dehnungselemente können und sollen variiert werden.

5

KOORDINATIONSTRAINING

Die in den Abschnitten Kreuzpass, Schrittpass, Ballettfuß und Kniepass beschriebenen technischen Probleme lassen sich, wenigstens zum Teil, auf einen grundsätzlichen Mangel an Rumpfstabilität und Koordination der Spielerinnen zurückführen. Koordinationstraining, zum Beispiel mithilfe einer Koordinationsleiter, sollte deshalb ein regelmäßig wiederkehrendes Element im Fußballtraining von Frauen und Mädchen sein. Hiermit kann bereits in einer U11 begonnen werden.

Im Internet sind Koordinationsübungen einfach zu finden. Die Darstellung solcher Übungen ist deshalb nicht Thema dieses Buches. Stattdessen sollen typische Bewegungsfehler erläutert werden, die man als Trainer erkennen und korrigieren sollte.

Grundsätzlich empfiehlt es sich, Koordinationstraining auf einem Kunstrasen durchzuführen. Die Belastung für Naturrasen ist sehr hoch, sodass dieser leicht Schaden nehmen kann. Ferner liegt die Koordinationsleiter auf einem Naturrasen hoch auf der Grasnarbe, sodass das Risiko für eine Spielerin, an der Leiter hängen zu bleiben, im Vergleich zum Kunstrasen deutlich erhöht ist.

Koordinationstraining erfordert von den Spielerinnen ein hohes Maß an Konzentration. Insbesondere für Anfänger stellt es eine große Herausforderung dar, komplexe Arm- und Beinbewegungen flüssig durchzuführen. Die Geschwindigkeit der Übung ist deshalb zweitrangig gegenüber einer korrekten Ausführung. Hieraus ergibt sich folgender **Trainingsgrundsatz**:

Genauigkeit vor Schnelligkeit!

Die Bewegungen an der Koordinationsleiter sollen flüssig und geschmeidig sein. Arme und Beine sollen sich immer kreuzdiagonal zueinander (Kreuzgang; Abb. 75) bewegen. Der linke Fuß und der rechte Arm bzw. der rechte Fuß und der linke Arm bewegen sich also gleichzeitig und in die gleiche Richtung. Die Arme bewegen sich im Wesentlichen aus der Schulter heraus. Das Ellbogengelenk bleibt sowohl bei der Vorwärts- wie auch bei der Rückwärtsbewegung angewinkelt, sodass das sogenannte *Läuferdreieck* aus Rumpf, Oberarm und Ellbogen hinter dem Rumpf sichtbar wird. Das Auftreten der Füße erfolgt nahezu geräuschlos und über den Ballen und Mittelfuß. Die Ferse berührt den Boden praktisch nicht.

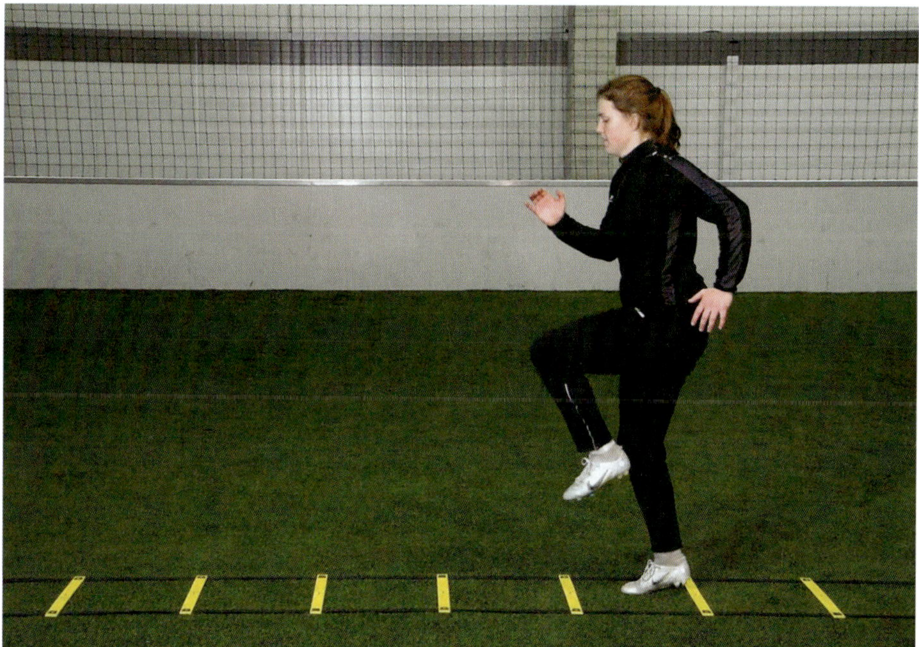

Abb. 75: Bewegung an der Leiter. Das Läuferdreieck wird sichtbar, Arme und Beine bewegen sich in der Gegenbewegung, die Ferse berührt den Boden kaum.

5.1 FEHLERBILDER BEIM KOORDINATIONSTRAINING

Armbewegung

Typische Fehler

- Die Arme sind am Körper angelegt (angewinkelt oder gestreckt) und steif. Sie bewegen sich also nicht (Abb. 76).

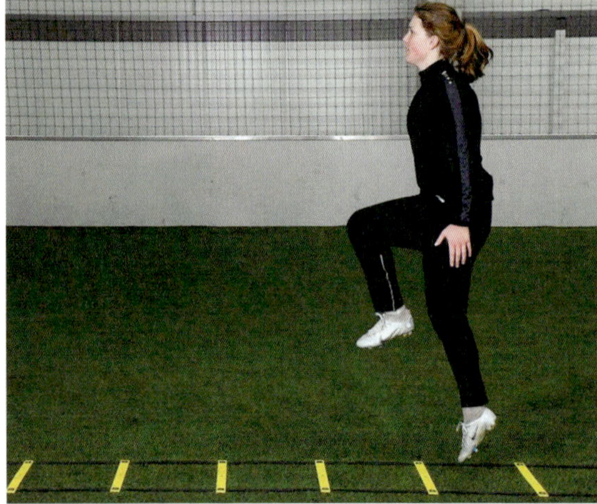

Abb. 76: Fehler an der Koordinationsleiter: Die Arme sind steif am Körper angelegt.

- Die Arme und die Beine bewegen sich parallel zueinander (Passgang). Das bedeutet, dass sich Arm und Fuß der **gleichen Seite** gemeinsam nach vorne oder nach hinten bewegen (Abb. 77).

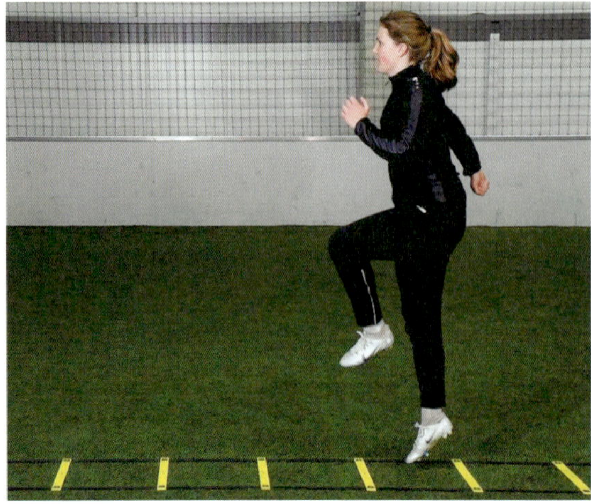

Abb. 77: Fehler an der Koordinationsleiter: Die Arme und Beine bewegen sich im Passgang.

- Die Armbewegung kommt vorwiegend aus dem Ellbogen, während die Bewegung aus der Schulter nur wenig ausgeprägt ist (Abb. 78a und b).

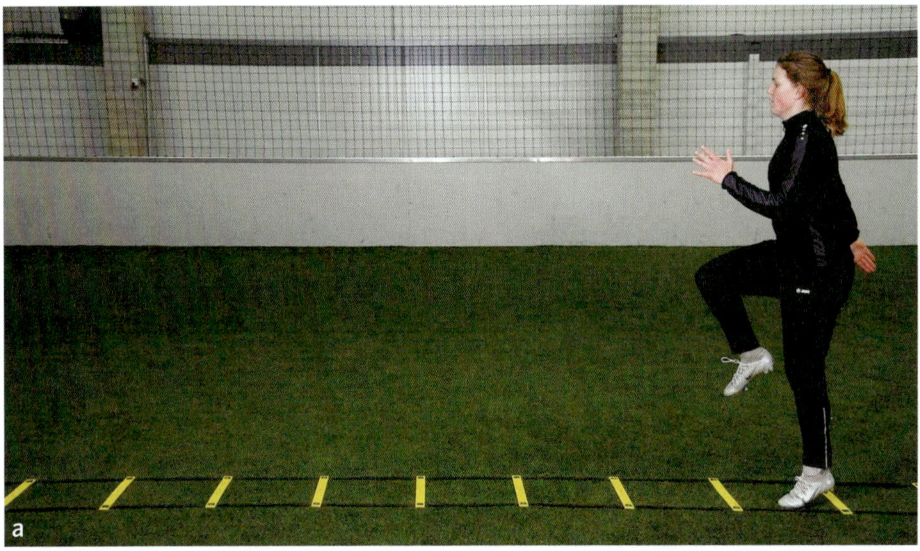

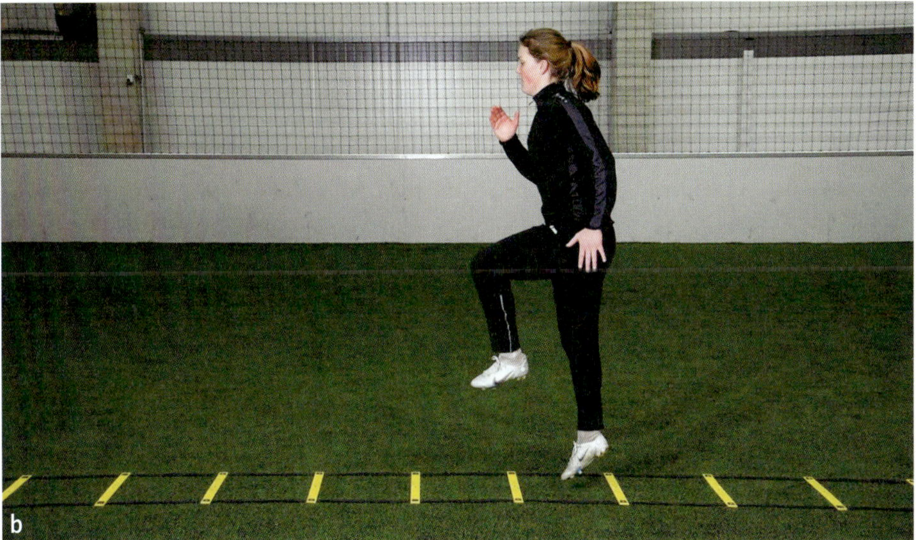

Abb. 78a und b: Fehler an der Koordinationsleiter: Die Armbewegung kommt vorwiegend aus dem Ellbogen und nicht aus der Schulter.

Fuß

Typische Fehler

- Der Fuß wird über die Ferse aufgesetzt.
- Der Fuß wird vollflächig aufgesetzt. Hierbei entsteht ein lautes und hartes „Platschen" beim Aufsetzen des Fußes.

Zur Beobachtung der koordinativen Fähigkeiten eignet sich am besten eine Koordinationsleiter. Auch hier sollte ein Anstehen vermieden werden (siehe Kap. 2.1). Bei einer größeren Anzahl an Spielerinnen sollte deshalb eine zweite Leiter parallel eingesetzt werden. Ergänzend kann man die Koordinationsleiter mit Laufelementen (siehe Abb. 79) und/oder Dribbelübungen (Abb. 80) kombinieren. Auf diese Weise wird die Verweildauer der Spielerinnen in der Übung verlängert und die Intensität gesteigert.

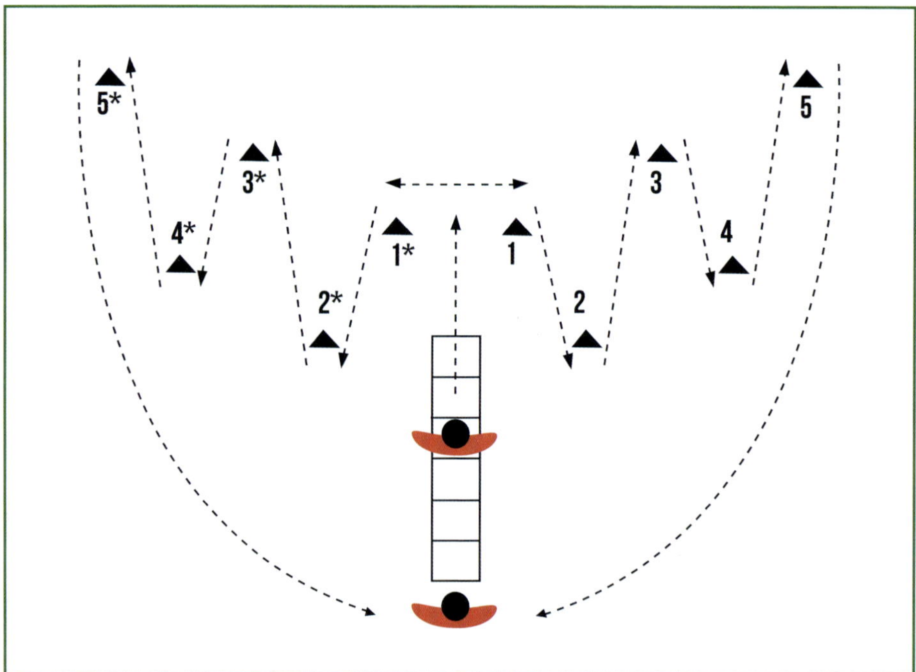

Abb. 79: Kombination einer Koordinationsleiter mit einer Laufübung

Abb. 79 zeigt eine Übung, bei der die Koordinationsleiter mit einem Laufelement kombiniert wird. Nach der Leiter läuft die erste Spielerin nach vorne weg zum Hütchen 1, umläuft Hütchen 1 mit Seitsteps, läuft rückwärts zu Hütchen 2, läuft (sprintet) vorwärts zu 3, läuft rückwärts zu 4, läuft (sprintet) vorwärts zu 5 und joggt dann ruhig zurück zur Leiter. Die zweite Spielerinnen durchläuft die Hütchen 1*-5* auf der linken Seite. So geht es abwechselnd einmal nach rechts und einmal nach links. Kommt die erste Spielerin wieder zur Leiter zurück, so wird eine neue Koordinationsübung vorgegeben.

Abb. 80 zeigt eine Kombination der Koordinationsleiter mit einer Dribbelübung. Im ersten Feld liegt für jede Spielerin ein Ball. Nachdem eine Spielerin nach Vorgabe die Leiter durchlaufen hat, schnappt sie sich einen Ball und beginnt den Hütchenlauf, ebenfalls nach Vorgabe (z. B. beide Füße mit Innenseite oder nur rechter/linker Fuß, . . .). Der Ball wird dann im zweiten Feld abgelegt und die Spielerin läuft zum Anfang der Leiter zurück. Im zweiten Durchgang beginnt der Dribbelparcours im zweiten Feld und endet im ersten.

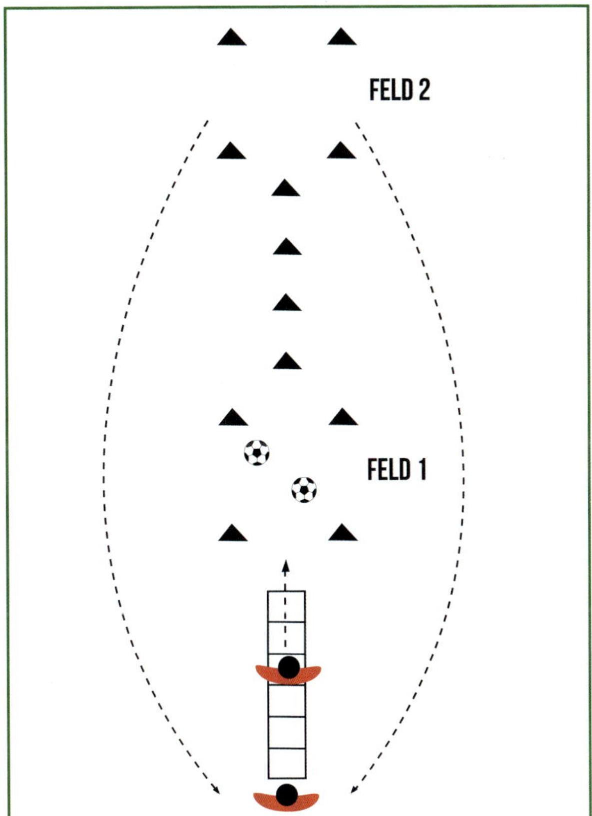

Abb. 80: Kombination einer Koordinationsleiter mit einer Dribbelübung

Ausgehend von diesen Grundübungen, sind der Fantasie im Grunde keine Grenzen gesetzt. Es sollte jedoch beachtet werden, dass Koordinationstraining hohe mentale Anforderungen stellt. Man sollte deshalb die körperliche Belastung in einem geeigneten Rahmen halten, damit die Konzentrationsfähigkeit der Spielerinnen nicht zu sehr eingeschränkt wird. Idealerweise wird diese Übung durch zwei Trainer begleitet, wobei der eine die Übung für die Koordinationsleiter vorgibt, während der zweite dies für die Dribbelübung macht.

6

VIDEOBASIERTE SPIELANALYSE

Mit der Verfügbarkeit kostengünstiger Video- und Actionkameras hat die videobasierte Spielanalyse auch im Amateurbereich Einzug gehalten. Diese Technik erlaubt eine Nachbetrachtung der Spiele und hilft Trainern wie Spielerinnen gleichermaßen, sich zu hinterfragen, zu lernen und das Spiel besser zu verstehen.

Für Trainer ist diese Technik auch deshalb interessant, da sie es nicht nur erlaubt, die eigene Mannschaft und deren taktisches Verhalten zu analysieren, sondern auch die gegnerische Mannschaft zu durchleuchten. Auf diese Weise ist es leichter möglich, das eigene Team für ein erneutes Aufeinandertreffen, zum Beispiel in der Rückrunde, optimal einzustellen.

Die videobasierte Spielanalyse kann ferner die Entwicklung des taktischen Verständnisses in der Mannschaft deutlich beschleunigen. Begriffe wie „Raum", „Kettenverhalten", „Pressing", „Anlaufen" und „Verdichten" etc. bleiben keine abstrakten Begriffe, sondern können anhand von Videoclips der Mannschaft visuell nahegebracht werden.

Das Aufzeigen von Optionen und möglichen Alternativen schult die Spielauffassung und damit das Teamverhalten der Mannschaft. – Nichts ist überzeugender für Spielerinnen, als Fehler, aber auch gelungene Aktionen, in Form eines Videoclips zu sehen und zu verstehen.

6.1 KAMERASYSTEME – EIN ÜBERBLICK

Der Markt bietet eine Reihe von Kamerasystemen an, die es erlauben, Fußballspiele aufzunehmen, um diese anschließend zu analysieren. Die erhältlichen Systeme unterscheiden sich deutlich voneinander und weisen systemspezifische Vor- und Nachteile auf. In diesem Abschnitt wird die Bandbreite der verschiedenen technischen Lösungen ebenso wie eine Eigenentwicklung vorgestellt.

6.1.1 ANFORDERUNGEN

Ein Kamerasystem, das für eine taktische Spielanalyse im Amateurbereich geplant ist, sollte die folgenden Merkmale aufweisen:

- Das gesamte Spielfeld sollte permanent erfasst werden.
- Das Kamerasystem sollte möglichst hoch positioniert werden, um einen Blick „von oben" zu erlauben (idealerweise mindestens 10 Meter über dem Spielfeld, Abb. 81a-e).
- Das Kamerasystem sollte möglichst auf Höhe der Mittellinie aufbaubar sein.
- Das Kamerasystem sollte leicht und nicht zu groß sein, um es bei Heim- und Auswärtsspielen einsetzen und mit einem normalen Pkw transportieren zu können.
- Das System sollte durch eine Einzelperson in wenigen Minuten auf- und abbaubar sein.
- Das Gerät sollte während der Aufnahme keine Bedienung erfordern.
- Das System sollte eine eigenständige Stromversorgung haben und über ein internes Speichermedien verfügen.
- Die Kosten sollten sich im Rahmen halten (möglichst nur Einmalkosten statt eines Abo-Vertrags).

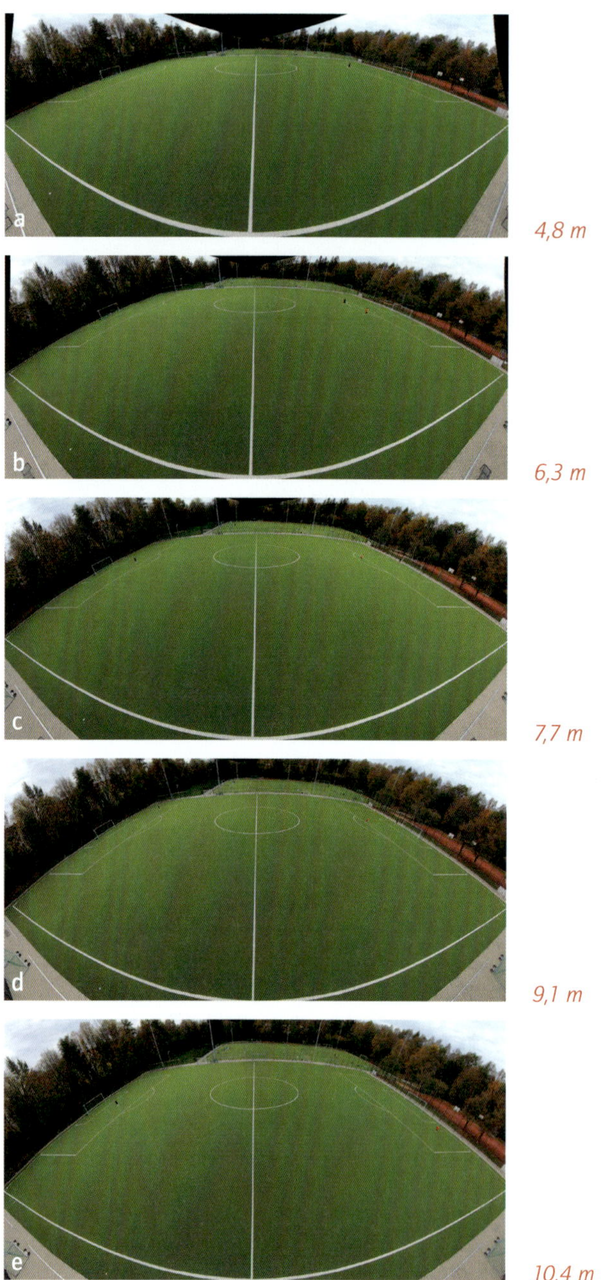

Abb. 81a-e: Die Bildfolge zeigt die Bedeutung der Höhe der Kamera über dem Spielfeld (a: 4,8 m; b: 6,3 m; c: 7,7 m; d: 9,1 m; e: 10,4 m). Es wird deutlich, dass für die taktische Spielanalyse eine möglichst hohe Kamerapositionierung vorteilhaft ist.

6.1.2 KAMERASYSTEME

Die auf dem Markt erhältlichen Kamerasysteme lassen sich in zwei Gruppen untergliedern, nämlich in *Ein-Kamera-* und *Multi-Kamera-Systeme*. Da eine einzelne Kamera nicht in der Lage ist, insbesondere aus Spielfeldnähe, das gesamte Spielfeld aufzunehmen, ist hier eine Kameranachführung erforderlich.

Multi-Kamera-Systeme hingegen können das gesamte Spielfeld ohne Nachführung aufnehmen, bedürfen jedoch einer anschließenden Datenprozessierung, um aus den Einzelfilmen ein Fusionsvideo zu erstellen. Hieraus ergeben sich zusätzliche Kosten für die notwendige Fusionssoftware.

Hinsichtlich einer taktischen Spielanalyse sind die Multi-Kamera-Systeme deutlich im Vorteil, da das gesamte Spielfeld erfasst wird. Somit kann das taktische Verhalten der gesamten Mannschaft zu jedem Zeitpunkt analysiert werden. Insbesondere die ballfernen Spielerinnen sind von großer Bedeutung, da sie den Grundstein für Möglichkeiten der Spielentwicklung darstellen. Ein-Kamera-Systeme hingegen erfassen lediglich das ballnahe Geschehen und haben somit, systembedingt, nur einen geringen Nutzen, was das mannschaftliche taktische Verhalten angeht.

Diese beiden Gruppen der Ein-Kamera- und Multi-Kamera-Systeme kann man weiter untergliedern in *tragbare* und *nicht tragbare* Systeme. Während nicht tragbare, fest installierte Systeme einfach zu nutzen sind, da weder Auf- noch Abbau noch Transport notwendig sind, so haben sie jedoch den Nachteil, dass nur Spiele auf dem entsprechend ausgerüsteten Platz aufgenommen und anschließend analysiert werden können.

Trainingsspiele auf einem Nebenplatz oder Auswärtsspiele hingegen sind für eine Analyse verloren. Stellt man in Rechnung, dass in jeder Saison die Hälfte der Ligaspiele auswärts stattfindet, so geht durch das Konzept eines nicht tragbaren, fest installierten Kamerasystems viel wertvolles Bildmaterial verloren. Dies stellt einen schwerwiegenden Nachteil dar.

Tragbare Ein-Kamera-Systeme

Kameras dieser Kategorie umfassen nur eine Kamera, erfassen das Spielfeld nur teilweise und müssen deshalb nachgeführt werden. Sie verfügen über eine eigenständige Energieversorgung und Speichereinheit für die Videodaten. In der nur teilweisen Erfassung des Spielfelds liegt der Hauptnachteil dieser Kamerasysteme. Dies erschwert taktische Analysen erheblich, da das Spielerverhalten abseits des Balls nicht erfasst wird.

Beispiele:
Karo Sportsystems (http://www.karo-sportsystems.de/) bietet eine Kamera mit Stativen bis zu einer Höhe von 10 Metern an. Das System ist tragbar, jedoch sehr schwer (circa 20 Kilogramm). Die Kamera wird manuell nachgeführt.

MOVE'NSEE (https://www.movensee.com/en) hat eine „Roboterkamera" im Angebot, die Bewegungen erkennt und selbstständig die Nachführung übernimmt. Dieser Roboteraufsatz kann mit verschiedenen Stativen und Kameras kombiniert werden.

Nicht tragbare Ein-Kamera-Systeme

Ein Kamerasystem dieser Kategorie wird unter dem Namen *CoachingEye* (https://www.coaching-eye.de/) vertrieben. Dieses System besteht aus einer einzelnen Actionkamera, die durch ein Seilzugsystem an einem Flutlichtmast in circa 10 Meter Höhe angebracht wird. Hauptnachteil dieses Systems ist, dass die notwendige Installation des Seilzugsystems die Verwendung der Kamera auf Heimspiele begrenzt. Auswärtsspiele können somit nicht erfasst werden. Ferner wird trotz der Höhe eventuell nicht das gesamte Spielfeld abgebildet.

Fest installierte Multi-Kamera-Systeme

Diese Kamerasysteme umfassen mindestens zwei, häufig jedoch auch drei oder noch mehr Kameras. Nach der Aufnahme ist eine Bearbeitung der verschiedenen Videos notwendig, um diese zu einem Video zu fusionieren. Diese Kamerasysteme sind schon recht professionell. Der Hauptnachteil dieser Kamerasysteme liegt in der fehlenden Transportierbarkeit. Es ist somit nicht möglich, Auswärtsspiele aufzunehmen oder die Kameras auf einem Trainingsgelände einzusetzen. Durch die notwendige Fusion der Videos entstehen zusätzliche Kosten, eventuell auch regelmäßige für ein entsprechendes Softwareabonnement.

Beispiele:
Das *Bagadus-System* (http://site.uit.no/iad/sports/bagadus/) besteht aus vier Kameras, die fest im Stadion montiert sind.

Das System *Replay* von *Zone 14* (https://zone14.ai/replay/) umfasst zwei Kameras, die an einem zentralen Flutlichtmast fest installiert werden.

Tragbare Multi-Kamera-Systeme

Diese Kamerasysteme umfassen zumeist zwei Einzelkameras, die entweder einzeln oder in einem gemeinsamen Gehäuse eingebaut sind. Diese Kamerasysteme erfüllen viele der oben genannten Anforderungen. Durch die notwendige Fusion der Videos entstehen zusätzliche Kosten für den Erwerb der Fusionssoftware oder Abonnementskosten für deren Nutzung.

Beispiele:
Panosport (http://www.panosport.com/) bietet ein System mit drei Videokameras an. Die Fusionssoftware kann entweder erworben oder als Abonnement genutzt werden. Laut Herstel-

ler sind die Kameras ideal positioniert, wenn sie in einer Distanz von etwa 15 Metern von der Seitenauslinie und in einer Höhe von circa 15 Metern über dem Spielfeld aufgestellt werden. Dies kann in einem Stadion einfach erreicht werden.

VEO bietet das Kamerasystem *Cam2* (https://www.veo.co/de/record) an. Es umfasst in einem Gehäuse zwei Objektive und wird mit Stativen von bis zu sechs Metern Höhe angeboten. Zur Videofusion bietet *VEO* ein Abonnementsystem an.

Hudl (https://www.hudl.com/products/focus/flex) bietet eine Reihe von Multi-Kamera-Systemen an, die ähnlich aufgebaut sind wie die *Cam2* von *VEO*.

6.1.3 EIGENENTWICKLUNG

Das vom Autor entwickelte Kamerasystem besteht aus zwei handelsüblichen GoPro-Actionkameras in einem eigens hierfür entwickelten Holz- bzw. Aluminiumgehäuse (Abb. 82a/b und c/d)). Das Gehäuse umfasst einen Akku zur Stromversorgung. Die internen Speicherkarten reichen zur Datenspeicherung aus. Die Aufnahme erfolgt in einer Auflösung von 2.7K.

Ausgehend von zunächst verwendeten Drei-Meter- und Sechs-Meter-Stativen, wird nun ein 10,4 Meter hohes Monostativ verwendet, das von einer Person innerhalb von wenigen Minuten an jeder Spielfeldumrandung oder an einem Flutlichtmast aufgestellt werden kann. Das Packmaß dieses Stativs liegt bei 1,74 Meter und ist somit in jedem Fahrzeug transportierbar. Die Videos der beiden Kameras werden mittels Software *(Kolor Autopano Video 3.0)* zu einem Video fusioniert. Das finale Video hat eine Größe von 23-25 Gigabyte.

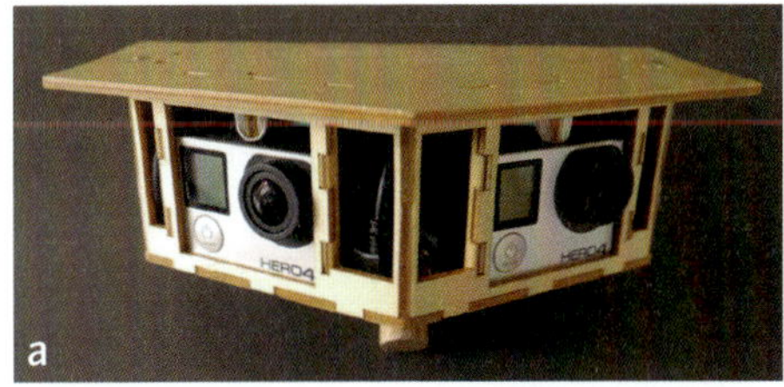

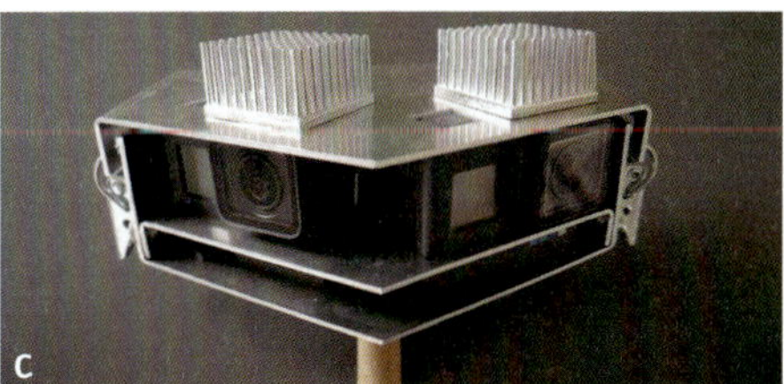

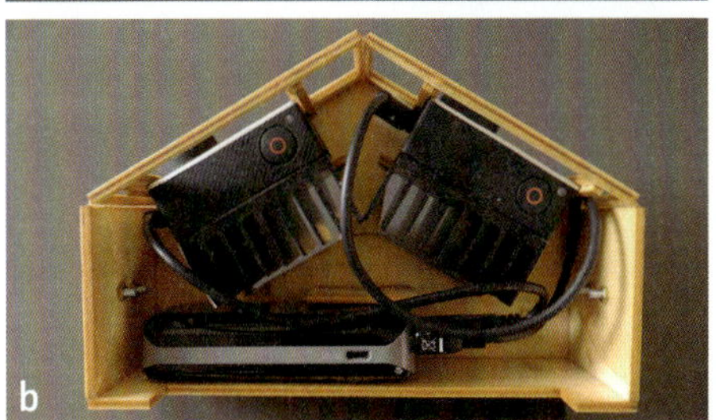

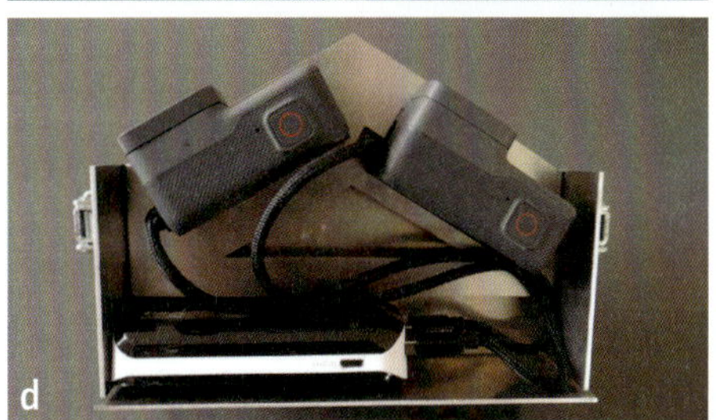

Abb. 82 a-d: Gezeigt sind die beiden Bauformen Holzgehäuse (a/b) und Aluminiumgehäuse (c/d) des Kamerasystems jeweils von vorne und innen.

Die nachfolgende Tabelle fast die wesentlichen Merkmale der verschiedenen Produkte zusammen.

Tab. 1: Merkmale der verschiedenen Kamerasysteme

System	Kamera	Videofusion?	Abonnement?	Gesamtes Spielfeld?	Manuelle Nachführung?	Aufstellung der Kamera
Karo-Sportsystems	1 Kamera	Nein	Nein	Nein	Ja	- Transportabel - Beliebig - 10-Meter-Stativ
MOVE'NSEE	1 Kamera	Nein	Nein	Nein	Nein, automatische Nachführung	- Beliebig
CoachingEye	1 Kamera plus Seilzugsystem	Nein	Nein	Nein	Nein	- Fest installiert - Flutlichtmast
Bagadus-System	4 Kameras	Ja	Nein	Ja	Nein	- Fest installiert - Stadiondach
Replay Zone 14	2 Kameras	Ja	Ja	Ja	Nein	- Fest installiert - Flutlichtmast
Panosport	3 Kameras plus Stadionsitz	Ja	Optional	Ja	Nein	- Transportabel - Nicht spielfeldnah - Stadionsitz
VEO Cam2	Kamera mit 2 Objektiven	Ja	Ja	Ja	Nein	- Transportabel - Spielfeldnah - Maximal Sechs-Meter-Stativ
Hudl	Kamera mit 2-4 Objektiven	Ja	Ja	Ja	Nein	- Transportabel - Spielfeldnah
Eigenbau	2 Kameras	Ja	Nein	Ja	Nein	- Transportabel - Spielfeldnah - 10,4 Meter hohes Monostativ

6.2 SPIELANALYSE

Unabhängig davon, welches Kamerasystem genutzt wird, um ein Spiel aufzunehmen, so stellt sich anschließend die Frage, wie dieses analysiert und mit den Spielerinnen besprochen werden soll. Die nachfolgende Herangehensweise beruht auf den Erfahrungen des Autors und geht von Mannschaften im gehobenen Amateurbereich aus.

Eine Spielanalyse macht grundsätzlich in jeder Altersklasse Sinn. In der U11 und U13 überfordert es jedoch die Spielerinnen, taktische Elemente anhand von Videoclips zu besprechen. In diesen Altersgruppen stellt die videobasierte Spielanalyse in erster Linie ein Hilfsmittel für den Trainer dar, um das Spiel seiner Mannschaft besser zu verstehen und um Fehler technischer wie auch taktischer Art zu erkennen. Die hierbei gewonnenen Erkenntnisse können dann im Training bearbeitet werden, ohne die Spielerinnen mit Videoclips und Mannschaftsbesprechungen zu belasten. In diesen Altersgruppen ist es völlig ausreichend, mithilfe einer Taktiktafel ein oder zwei Elemente des Spiels zu erklären.

Ab der U15, in jedem Fall jedoch ab der U17, profitieren die Spielerinnen von einer videobasierten Spielanalyse. Mit der U15 haben die Spielerinnen auch den Schritt auf das Großfeld vollzogen, wodurch die taktische Ausbildung an Bedeutung gewinnt.

6.2.1 SPIELANALYSE – SOFTWAREUNTERSTÜTZUNG

Auf dem Markt gibt es eine Reihe von Softwarepaketen, die eine videobasierte Spielanalyse erleichtern sollen. Diese werden zum Teil auch gemeinsam mit dem jeweiligen Kamerasystem angeboten. Dies ist insbesondere bei Multi-Kamera-Systemen der Fall, da bei diesen in jedem Fall eine Fusion der verschiedenen Videos notwendig ist.

Die Hersteller bewerben ihre Analysesoftware hierbei mit Merkmalen wie Einzelspielertracking, der Möglichkeit zum Erstellen von Heatmaps, Laufstatistiken oder auch der automatischen Erfassung der Anzahl von Torschüssen, Eckbällen etc. Alle diese Werte sind sicherlich von einem gewissen Wert und durchaus interessant. Sie sagen jedoch wenig über das tatsächliche Spiel aus und jeder einigermaßen aufmerksame Beobachter weiß zum Spielende sehr genau, welches Team mehr Ecken geschlagen oder öfter auf das Tor geschossen hat.

Tatsächlich ist es ja genau die Beobachtung dieser Elemente, die es einem Trainer ermöglicht, das Spiel von außen zu coachen und, falls notwendig, durch Veränderung des Spielsystems oder auch durch Auswechslungen zu beeinflussen. Somit sind diese Parameter, aus Sicht des Autors, nette Zugaben, für die Entwicklung der Spielerinnen im Sinne einer Verbesserung des taktischen Verhaltens jedoch von vergleichsweise wenig Wert.

Es gibt dennoch Softwareelemente, die eine Spielanalyse deutlich erleichtern könnten. Hierzu gehört insbesondere das Generieren einer synthetischen Vogelperspektive, bei der die Spielerinnen beider Mannschaften, wie auf einer Taktiktafel, von oben dargestellt werden. Diese synthetische Vogelperspektive macht Räume und Lücken in den verschiedenen Mannschaftsteilen ebenso deutlich sichtbar, wie etwa Verschiebebewegungen oder deren Fehlen. Diese Vogelperspektive ist umso hilfreicher, desto niedriger die tatsächliche Position der Kamera während der Aufnahme über dem Spielfeld war. Diese „synthetische" Vogelperspektive wird, beispielsweise, im Softwarepaket der *Cam2* von *VEO* angeboten.

Eine weitere Unterstützung durch Software könnte dadurch erreicht werden, dass die Phasen des Spiels, in denen der Ball nicht im Spiel ist (der Ball ist im Seiten- oder Toraus, Verletzungspausen etc.), automatisch herausgeschnitten werden, sodass die zu investierende Zeit in die Analyse verkürzt wird. Ferner wäre es hilfreich, wenn eine Software in der Lage wäre, Standards zu erkennen, wie Einwürfe, Ecken, Ab- und Freistöße. - Leider ist jedoch keine dem Autor bekannten Analysesoftware hierzu in der Lage.

Vor diesem Hintergrund kann zum heutigen Zeitpunkt von Analysesoftware keine wesentliche Unterstützung in der taktischen Aufarbeitung eines Spiels erwartet werden. Die aus Sicht des Autors entscheidenden Informationen, wie etwa das Kettenverhalten einer Abwehrreihe, werden von den ihm bekannten Softwarelösungen schlicht nicht erfasst. Auch scheint es bisher nicht möglich zu sein, mittels Software Spielzüge zu erkennen, um deren Erfolg oder Scheitern anschließend analysieren zu können. Aus diesem Grund führt gegenwärtig kein Weg daran vorbei, sich das Video des Spiels schlicht anzuschauen, um wichtige Spielsituationen zu erkennen.

6.2.2 SPIELANALYSE MIT DER MANNSCHAFT – EINE PRAKTISCHE HERANGEHENSWEISE

Zur Videoanalyse benötigt man einen Videoplayer. Hier offeriert der Markt eine Vielzahl von Softwarelösungen, die zum Teil auch als Freeware oder Shareware erhältlich sind. Die Hersteller von Multi-Kamera-Systemen bieten auch hierfür eigene Software an.

Die verwendete Software muss im Grunde nur wenige wichtige Funktionen erfüllen. Diese sind:

- einfaches Rein- und Rauszoomen;
- einfaches Verschieben des Bildausschnitts;
- einfaches Springen in der Zeitachse nach vorne wie nach hinten in, zum Beispiel, 10-Sekunden-Sprüngen;
- einfaches Herausschneiden von Szenen.

Der Autor verwendet den *Power Media Player* (Cyberlink) als Videoplayer und nutzt die Aufnahmefunktion der *Microsoft Windows Xbox Game Bar*, um Spielsequenzen aufzuzeichnen.

Pro Spiel werden aus der Vielzahl an interessanten Situationen in etwa 10-20 Szenen tatsächlich mit der Mannschaft besprochen. Diese werden der Mannschaft mittels Beamer oder Großbildschirm vorgestellt. Dies findet einmal pro Woche vor oder nach dem Training statt und umfasst einen Zeitraum von 30-45 Minuten. Die Präsentation folgt dabei folgendem Schema:

- Zeigen des Clips. Frage: Was seht ihr? Was läuft hier schief?
- Nochmaliges Zeigen des Clips mit den Erläuterungen von Spiel-/Pass-/Bewegungsoptionen.
- Nochmaliges Zeigen des Clips, verbunden mit der Frage, ob noch Fragen bestehen.
- Übergang zum nächsten Clip.

Zum Abschluss werden dann noch die erzielten Treffer oder schönsten Spielszenen gezeigt.

Diese Herangehensweise hat bei den Spielerinnen großen Anklang gefunden. Eine reine Verteilung der Clips an die Spielerinnen war wenig hilfreich, da es den Spielerinnen schwerfällt, selbst im Erwachsenenbereich, die jeweilige Spielsituation zu lesen und hieraus mannschaftliche oder auch individuelle Schlüsse zu ziehen.

7

DIE ZUKUNFT DES FRAUENFUSSBALLS – EINE PERSÖNLICHE SICHT

Im Anschluss an die Frauen Europameisterschaft 2022 in England entwickelte sich in der Öffentlichkeit eine Diskussion um die Verbesserung der Sichtbarkeit und der Anerkennung des Frauenfußballs in Deutschland. Da ich seit 2011 als Trainer im Frauen- und Mädchenfussball aktiv bin begrüße ich diese Initiative. Angesichts der tatsächlichen Entwicklungen der vergangenen Jahre und die Herangehensweise der Verbände, scheint mir jedoch Sorge angebracht, was die Zukunft des Frauenfußballes angeht.

Betrachtet man die Anzahl aller gemeldeter Mädchenmannschaften (bis einschließlich U17) seit dem Jahr 2005, so erreichte diese, laut DFB-Statistik, im Jahr 2010 einen Höchstwert von 8.665 Mannschaften (DFB-Mitgliederstatistik 1950-2022, Online-Archiv; Abb. 83). Seit diesem Zeitpunkt jedoch sinkt die Anzahl der gemeldeten Mädchenmannschaften kontinuierlich. Im Jahr 2022 waren nur noch 3.978 Mädchenmannschaften im Spielbetrieb gemeldet. Dies entspricht einem Rückgang von 54,1% in den vergangenen 12 Jahren.

Vergleicht man die Veränderung aller gemeldeter Jungenmannschaften (bis einschließlich U19) im gleichen Zeitraum so ist zwar auch hier ein Rückgang feststellbar (2010: 100.925 Mannschaften, 2022: 80.388 Mannschaften), dieser fällt jedoch, mit einem Minus von 20,3%, deutlich geringer aus. Tatsächlich ist der Rückgang bei den Mädchen etwa 2,5-mal so hoch wie bei den Jungen.

Die Anzahl der Frauenmannschaften stieg im Betrachtungszeitraum 2005-2022 auf einen Höchstwert von 6.040 Mannschaften im Jahr 2015 (Abb. 83). Dieser Wert blieb bis zum Jahr 2019 in etwa konstant um anschließend deutlich einzubrechen (2022: 4.479 Frauenmannschaften).

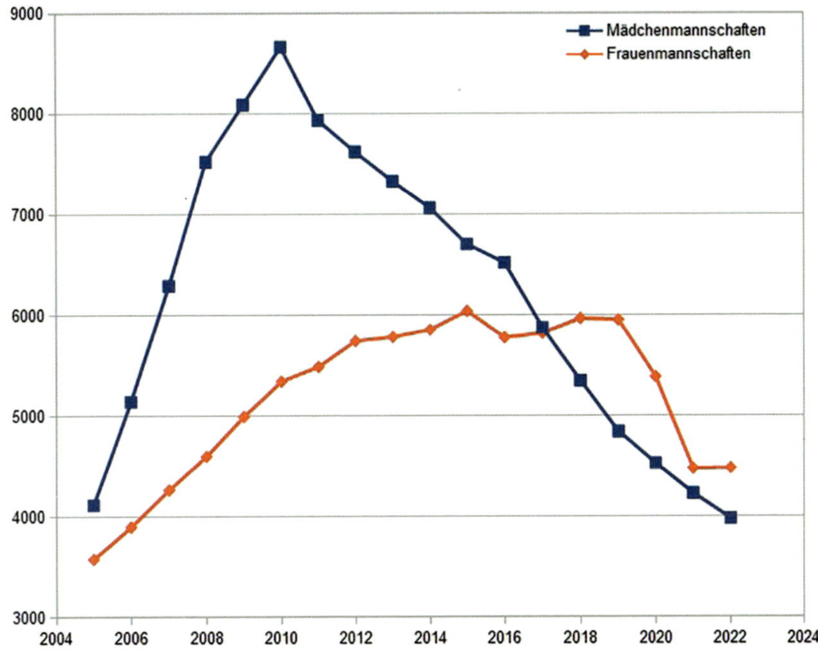

Abb. 83: Anzahl der im Spielbetrieb gemeldeten Mädchen- und Frauenmannschaften von 2005 bis 2022.

Es ist unmittelbar plausibel, dass die Anzahl der im Spielbetrieb befindlichen Frauenmannschaften den Verlauf bei den Mädchenmannschaften mit einem gewissen zeitlichen Versatz im Wesentlichen nachzeichnet. Leider gibt es keine Daten zur Altersstruktur der gegenwärtigen Frauenmannschaften. Es kann jedoch angenommen werden, dass diese, aufgrund des fehlenden Nachwuchses, eine zunehmende Alterung aufweisen. Folglich ist erwartbar, dass der massive Rückgang an Mädchenmannschaften seit 2010 sich noch deutlicher also bereits geschehen in der Anzahl der Frauenmannschaften zeigen wird, da schlicht der Nachwuchs fehlt um, beispielsweise, altersbedingte Abgänge zu kompensieren.

Die schwindende Breite in den Mädchenmannschaften stellt, aus meiner Sicht, auch ein substantielles Risiko für die zukünftige Qualität des Frauen- und Mädchenfußballs dar, das sich nicht nur im Breitensport sondern auch im Leistungsbereich, wie der Bundesliga, aber auch in den Nationalmannschaften, zeigen dürfte.

Aus meiner Beobachtung, beginnen Mädchen häufig erst in der Altersgruppe U11 oder U13, und somit deutlich später als Jungen, mit dem Vereinsfußball. Die beschriebene Tatsache, dass immer weniger Vereine Mädchenmannschaften in dieser Altersgruppe anbieten, erhöht für Mädchen die Hürde überhaupt mit diesem Mannschaftssport anzufangen. Der Beitritt in eine Jungenmannschaft ist zwar möglich, stellt jedoch eine zusätzliche Hürde dar. Diese wird noch dadurch erhöht, dass die gleichaltrigen Jungen zu diesem Zeitpunkt vielfach schon einige Jahre Erfahrung aus Bambini, U9 und U11 Mannschaften mitbringen.

Es kann ferner beobachtet werden, dass sich Profivereine der Aufgabe entziehen weiblichen Fußballnachwuchs auszubilden. So haben Vereine wie der FC Bayern und der FC Ingolstadt zwar Frauenmannschaften, im Jugendbereich beschränken sie sich jedoch auf die U17. Die Aufbauarbeit darunter wird somit den Breitensportvereinen überlassen, die diese Aufgabe, aufgrund der schrumpfenden Anzahl an Spielerinnen, jedoch nicht erfüllen können.

Ferner lässt sich beobachten, dass Profivereine wie der FC Bayern talentierte U11 und U13 Mädchen scouten und diese dann, zur fußballerischen Ausbildung und mit Hilfe eines Zweitspielrechts, in Jungenmannschaften unterbringen. Durch diese Praxis wird der an sich schon schwindende Spielerinnenpool zusätzlich quantitativ wie qualitativ geschwächt.

Sollten die Fußballverbände und Profivereine an einer Trendumkehr im Mädchen- und Frauenfußball interessiert sein, so sind, aus meiner Sicht, große finanzielle Investitionen und deutliche strukturelle Reformen notwendig, um den Fußball für den weiblichen Nachwuchs attraktiv zu machen. Angesichts der gegenwärtigen Entwicklung muss man jedoch der Tatsache ins Auge blicken, dass der Mädchen- und Frauenfußball schweren Zeiten entgegengeht.

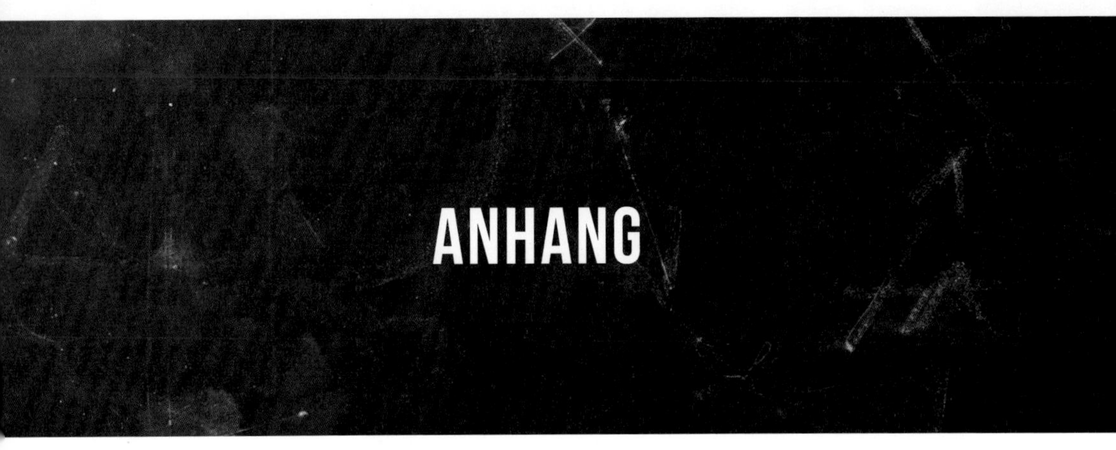

ANHANG

1 LITERATURVERZEICHNIS

DFB Mitgliederstatistik 1950-2020 (Online-Archiv), abgerufen am 20.11.2022 von https://www.dfb.de/verbandsstruktur/mitglieder/statistiken-der-vorjahre/

Russel, E. R. et al. (2021). Association of field position and career length with risk of neurodegenerative disease in male former professional soccer players. *JAMA Neurology, 78*, 1057-63. https://dx.doi.org/10.1001/jamaneurol.2021.2403

Ashton, J. et al. (2021). Immediate effects of an acute bout of repeated soccer heading on cognitive performance. *Science and Medicine in Football, 5*(3), 181-187. https://doi.org/10.1080/24733938.2020.1846769

DFB NEWS (Online-Archiv). *Nachwuchs und Kopfball: DFB beschließt altersgemäße Richtlinien*, abgerufen am 19.11.2022 von https://www.dfb.de/news/detail/nachwuchs-und-kopfball-dfb-beschliesst-altersgemaesse-richtlinien-236483/?no_cache=1&cHash=c02fb56eeb278f5d1790faa5921d5303

2 DANKSAGUNG

Wie vermutlich die allermeisten Bücher, so konnte auch dieses nur mithilfe tatkräftiger Unterstützung anderer entstehen, denen ich an dieser Stelle meinen herzlichen Dank aussprechen möchte. Hierzu gehören meine Frau Isabella und meine Tochter Marie, die das Manuskript sorgfältig geprüft und mir Anregungen zur Überarbeitung gegeben haben. Mein Dank geht auch an meine ehemalige Spielerin Merle Härtinger, die sich als Fotomodell zur Verfügung gestellt hat und dem wunderbaren Fotografen Samir Sakkal. Ohne die Unterstützung von Merle und Samir wäre dieses Buch nie über ein reines Schriftwerk hinausgekommen.